PARTIR POUR MIEUX REVENIR

PARTIR POUR MIEUX REVENIR

Récit de voyage

Annie Jomphe

©Annie Jomphe, 2020
Autoédition 2020
ISBN numérique : 978-2-9819091-1-4
ISBN papier : 978-2-9819091-0-7

Couverture par : 2LI (www.2Li.fr)
Mise en page par : Emilie Varrier
(VotreSoutienAdministratif.com)

www.anniejomphe.ca
anniejomphe@hotmail.com

120 Sunglo Drive,
Penticton, British Columbia,
V2A 8X6
Canada

*Pour mes enfants,
pour qu'ils se souviennent...*

TABLE DES MATIÈRES

PRÉFACE

En entreprenant un voyage au bout d'eux-mêmes avec leurs enfants, Annie et Martin étaient confrontés à des questions qui préoccupent l'humanité depuis aussi longtemps que nous avons conscience d'exister.

Ils se lançaient à la poursuite du bonheur qu'ils voyaient davantage dans l'« être » que dans l'« avoir ».

Ils cherchaient à se rapprocher de la Nature dont nous faisons intégralement partie et qui leur manquait.

Ils voulaient assumer leur liberté de définir leur avenir en considérant que tout est le fruit du hasard, de coïncidences et des circonstances.

Ils ne voulaient pas rester enchaînés à leur « devoir » et accepter leur sort comme une fatalité mais voulaient s'en distancier pour se lancer sans filet dans le vide et l'inconnu qui nous défient et nous remettent en question.

Un dilemme se posait cependant à eux : partir ou rester ? Fuir l'oppression quotidienne du réel ou aller librement, graduellement à sa découverte ?

Enfin, ils devaient en même temps voir à assurer à leurs enfants une éducation adéquate pour assurer la suite du monde.

La recherche incessante de liberté, d'indépendance, d'exotisme et de douceur de vivre est manifestement incrustée dans nos rêves d'évasion. Mais peut-on réussir à s'échapper de la bulle protectrice qui nous enveloppe et dans laquelle nous sommes encapsulés ?

L'histoire racontée dans les pages qui suivent décrit l'aventure passionnante de cette famille qui a tenté de répondre aux questions que cela soulève et qui revient nous faire part de son expérience de découvertes à travers sa quête de bonheur.

Jacquelin Robin

CARTE DE NOTRE PÉRIPLE

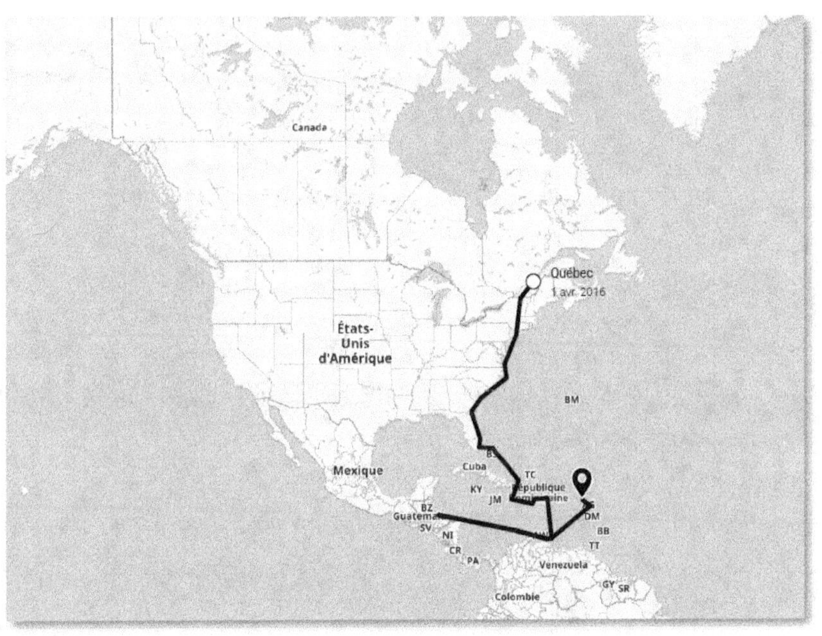

LE BATEAU

*« L'homme courageux n'est pas celui qui n'a pas peur,
mais celui qui surmonte sa peur. »*

– Auteur inconnu

INTRODUCTION

Tout a commencé avec un vieux rêve enfoui et une goutte de trop. Avec un de ces grands rêves qui naît un jour, comme ça, mais qui est pour plus tard. Un de ces rêves que l'on met sur sa *bucket list*. Nous doutons nous-mêmes de la possibilité de le réaliser tellement il est gros et bouleversant. Il n'est pas encore immédiat ni obsessionnel. On souhaite le réaliser mais il tombe peu à peu dans l'oubli, comme la vie enfouit doucement certains de nos grands rêves.

Il y a à peu près quinze ans de ça, mon mari Martin, et moi, à l'époque où nous étions jeunes, invincibles et ambitieux, sommes allés en Floride. Sur un coup de tête, nous voulions alors travailler sur un de ces gros bateaux privés. Sans aucune expérience, nous eûmes la chance inouïe de nous faire embaucher ensemble sur un voilier luxueux de 177 pieds : le S/Y Liberty, au Boat Show de Fort Lauderdale de 2004. En naviguant dans les Caraïbes, à Saint-Martin même, nous nous promettons du haut de nos 22 et 25 ans, qu'un jour, nous y reviendrons avec notre voilier et nos enfants ! Nous étions loin d'avoir l'idée de concevoir des enfants mais une graine avait été semée...

Et la vie continua. En 2005, nous quittons notre Québec natal et déménageons en Alberta pour explorer les montagnes Rocheuses, pratiquer la pêche à la mouche en rivière glaciale, nous initier à la chasse aux gibiers à la recherche de viande organique. Nous passons toutes les fins de semaine en camping sauvage dans le pays des grizzlys. Nous pratiquons les rudiments de la montagne, le canot de rivière, le ski hors-piste en neige poudreuse, l'escalade de roche et l'escalade de glace, l'alpinisme et l'exploration de la forêt.

Puis, nous partons en bicyclette deux mois dans la région de la Patagonie, en Argentine et au Chili. Nos équipements respectifs, pesant plus de 100 livres chacun, incluaient matériel d'escalade, de pêche et de camping.

Naît alors un amour inconditionnel et un respect profond pour la nature qui nous entoure, grandiose et prestigieuse. Sans le savoir à ce moment, l'aventure, l'adrénaline, la nature nous apportent un bonheur immense et un sentiment de liberté grandiose. Plus qu'un bonheur, c'est une façon de vivre, notre façon d'être heureux, notre antidote antistress, une dépendance dont nous ne pouvons pas nous passer.

Deux ans plus tard, nous déménageons à Québec, hésitants et nous sentant coupables d'être loin de notre famille, pour finalement retourner un an plus tard en Alberta. Nous achetons et rénovons une dizaine de maisons entre le Québec et l'Alberta. Grâce à ces investissements immobiliers, nous avons beaucoup d'argent à un moment donné. Puis nous perdons tout quelques années plus tard, obligés de faire une proposition aux consommateurs.

Puis une à une, trois boules d'amour prennent place en moins de trois ans dans notre famille. Walace, un beau bébé rond et attentionné, suivi de Betsy, un rayon de soleil souriant puis Nelson, charismatique avec une âme sage. Un amour inconditionnel, un abandon total de soi, un apprentissage nouveau naquirent avec ces trois bébés. Je suis au paradis dans mon chaos de couches lavables, de crème glacée maison, de lavage infini et de manque de sommeil profond. Martin est au paradis dans son mini atelier à créer des meubles uniques en bois entouré de sommets enneigés. Nous partons en camping sauvage toutes les fins de semaines avec nos bébés, libres et heureux.

Par un besoin d'amour incompréhensible, peut-être par souci de faire plaisir ou d'approbation inconsciente, j'ai alors une envie vitale de retourner vivre à Québec auprès de nos familles respectives. J'exige que nos enfants connaissent leurs grands-parents, leurs cousins, leurs tantes et oncles. En 2011, nous quittons donc pour une deuxième fois l'Ouest canadien, le cœur lourd, pour revenir vers la Belle Province. Ce fut un coup dur pour mon mari. L'abandon de cette liberté, de ce rythme de vie idéal, de cette nature omniprésente et de sa passion pour l'ébénisterie est difficile. Ce fut le début de la fin...

Nous nous adaptons bien, comme d'habitude. Martin reprend la compagnie de son père puis fonde sa propre entreprise en gérance de projets. Non pas par passion mais parce que c'est la bonne chose à faire financièrement pour sa famille. Plus les enfants grandissent, plus je m'engage dans la compagnie en comptabilité. Même si je tiens fermement à ne pas être la femme du gars qui tient les livres à jour ! Nous dépassons à nous deux le million de chiffre d'affaires. Tout va bien, pourtant nous ne trouvons ni le temps, ni l'énergie d'être en plein air. Nous n'avons plus aucun moyen de nous ressourcer. Nous nous éloignons graduellement de toute aventure, adrénaline, sorties extérieures, paysages grandioses et liberté des grands espaces. Au compte-goutte, sans trop s'en rendre compte, nous travaillons de plus en plus et l'argent dicte nos activités.

Puis, par besoin essentiel de créativité et d'indépendance, je fonde une division de conception de mini-maisons. En quatre mois, je passe de rien à un salon Expo Habitat où les journaux et revues s'emparent d'une parcelle de notre nouvelle activité. Le niveau de stress augmente avec cette responsabilité supplémentaire. Je suis fière mais aussi très fatiguée, irritable et curieusement vide. Mes enfants commencent à m'apparaître comme un fardeau, un frein qui ralentit ma carrière. Martin travaille régulièrement plus de 70 heures par semaine. Pour combler les fins de semaine, nous rénovons ou entretenons cette dixième belle et immense maison que nous avons voulue tous les deux. Pendant ce temps, notre grand garçon, alors âgé de 6 ans, étouffe à l'école où tout lui semble trop difficile, trop rapide, trop compétitif. Nous sommes trop occupés pour réellement l'aider.

Cinq années se déroulent ainsi. À faire ce que l'on doit faire, ce que la société veut de nous. À travailler d'arrache-pied pour aboutir avec cette belle grande maison, piscine hors terre en cèdre et jardins fleurissants. À taire cette intuition qui veut nous mener vers un chemin heureux mais trop différent. À entretenir l'entrepreneur à son compte en construction, un chien, deux voitures, trois enfants et tout le cliché. À sombrer doucement dans une vie toute bien décidée dont nous ne semblons plus avoir le contrôle. Une vie peut-être parfaite de l'extérieur mais de plus en plus vide à l'intérieur. Mais que nous arrive-t-il ? Même mon chum, mon mari, mon compagnon de vie, mon amoureux depuis 14 ans me semble déconnecté de moi, distant, différent. Ou est-ce moi qui change ? Nous semblons suivre des trajectoires différentes où l'argent, le stress, le gain du pouvoir, l'appât du succès veulent nous déchirer en deux. Lui qui était si en forme a maintenant de la difficulté à se lever du lit avec son fichu mal de dos.

Jusqu'au jour où nous décidons, en mars 2015, d'aller passer une semaine en Floride, visiter mes beaux-parents pour la semaine de relâche. Première fois que nous prenons l'avion avec nos enfants. Première fois que nous nous permettons un voyage depuis cinq ans. Ce fut comme une bonne claque au visage. Le fait de prendre l'avion, de monter en altitude oxygène notre cerveau, nous donne des ailes, nous remémore tous nos voyages, nos aventures, nos destinations, nos rêves, notre destinée. Une dose d'adrénaline qui ravive tous nos sens endormis. Notre vie nous apparaît tout à coup très claire ou, en fait, trop embrouillée. Le fait de prendre un pas de recul (ou plutôt 10 000 mètres d'altitude) nous donne une meilleure vue d'ensemble.

Nous revenons à notre maison ensevelie par deux tempêtes de neige, ce qui ne laisse entrevoir que le haut des portes. Ça y est. C'en est trop ! Après avoir couru librement sur la plage, on doit maintenant se renfermer à l'intérieur de quatre murs pour encore quelques mois.

Nous nous sentons écrasés comme sous le poids de toute cette neige. Nous étouffons. Nous manquons d'air. Nous voulons ouvrir les fenêtres, entendre les oiseaux, respirer l'air frais et sentir le vent siffler. Nous étouffons sous le poids de la société. Nous avons perdu notre flamme intérieure, notre pouvoir décisionnel, cette mince connexion avec nos propres intérêts. Ce vendredi soir là, après avoir passé la journée entière à pelleter et passer la souffleuse pour enlever cette neige compacte et glacée typique du Québec, notre vie changea à tout jamais.

Une fois les enfants couchés, assis sur le comptoir en essuyant la vaisselle, nous avons une révélation. Tous les deux, comme ça, simultanément. Et si on partait en voilier, chéri ? On a juste à rénover la salle de bain, mettre la maison et tout ce qu'il y a dedans à vendre, fermer la compagnie, se trouver un bateau et hop ! Qu'en penses-tu ? Un rêve qui viendra remettre nos pendules à l'heure. Qui viendra soulager le mal de dos chronique de Martin. Un rêve qui nous rapprochera de nos valeurs, qui nous liera à nos enfants. Ça y est. Un rêve complètement fou doit prendre forme pour nous sortir de là. De cette roue dans laquelle nous nous sommes embarqués et dont nous sommes incapables de sortir. Un rêve qui, envers et contre tout, deviendra obsessionnel et bien réel. Ce vendredi soir là, ce rêve passa dans la catégorie « prochain projet ». Il viendra complètement chambarder notre vie bien rangée. Un rêve enterré que nous avons peu entretenu refait surface comme un ballon gonflé d'air qu'on laisse monter du fond d'une piscine.

Maintenant que nous avons trois jeunes enfants, cette illusion prend tout son sens ! Insouciants et trop jeunes pour totalement comprendre, ils sont enthousiastes à l'idée d'un long voyage en bateau. Sans voilier ni la moindre expérience, sauf quelques mois à bord d'un charter privé, nous décidons de relever tout un défi. Nous prenons la décision qui fut l'une des plus belles et riches de notre vie. Une décision qui changera à jamais la vie de nos enfants et la nôtre. Qui changera notre destinée et affectera notre bonheur intérieur. Qui nous connectera à nos intuitions et à nos passions. Qui nous permettra d'accéder à une vie sincère, puissante, réelle, épanouissante et inespérée.

Tout ne fut pas facile pour arriver, seulement six mois plus tard, les pieds sur notre voilier de 45 pieds, prêts à s'éloigner du quai. Pour quitter notre vie telle que nous la connaissons et partir vers un monde totalement inconnu. Mais ce fut un rêve qui devint, dans l'espace d'une soirée, une obsession, un devoir absolu, un appel à notre destinée, notre radeau de survie, notre seule voie à suivre. Les étoiles s'alignèrent. Nous eûmes à convaincre plusieurs personnes sur notre chemin que nous y arriverions... et parfois aussi nous-mêmes !

Ce fut le début d'une aventure extraordinaire, d'apprentissages multiples, de découvertes merveilleuses, de toutes les gammes d'émotions, de retours en arrière, de questionnements, de rétrospection, de rencontres absolument phénoménales, de coïncidences incroyables, de peurs viscérales et de joies intenses. Ce fut pour notre famille le meilleur moyen de se sortir d'une emprise dans laquelle nous n'étions pas heureux. De retrouver nos priorités, nos valeurs, notre noyau familial.

Voici notre histoire, avec ses hauts et ses bas, racontée en toute sincérité et avec authenticité. Une aventure hors du commun pour laquelle nous avons pris notre courage à dix mains afin de finalement larguer les amarres, fébriles !

« La raison consiste souvent à bien choisir sa folie. »

– Joseph Michel Antoine Servan

CHAPITRE 1 | IL NOUS FAUT UN BATEAU.

Avril 2016 — Québec, Québec

La première étape de tout changement est de prendre une décision. C'est facile à dire mais pas toujours facile à faire. Par là, je veux dire la volonté réelle de faire les changements nécessaires pour arriver à cette décision, peu importe le coût monétaire et émotionnel. Une fois que notre décision fut prise, c'est comme si des ailes nous avaient poussé dans le dos et qu'il n'y avait plus rien pour nous arrêter. Le visage de Martin a instantanément perdu 10 ans d'âge et son mal de dos s'est miraculeusement évaporé. Il n'y a plus de point de retour. C'est parti !

Évidemment, la recherche d'un bateau commence rapidement. Mais qu'est-ce qu'il faut regarder ? Nous n'avons pas la moindre idée de ce qui fait d'un bateau un bon bateau. Dès lors, nous échangeons toute notre bibliothèque de design, d'ébénisterie et de cuisine pour des livres de voile, de navigation, des récits de navigateurs et des livres technique de météorologie. Nous empruntons tous les livres disponibles à la bibliothèque et regardons continuellement des vidéos sur internet. Nous nous informons auprès de notre entourage qui connaît la voile de près ou de loin. Nous nous renseignons auprès des magasins de bateaux et des écoles de voile.

Après beaucoup de va-et-vient entre les marinas, internet et les petites annonces, nous avons une chance inouïe de rencontrer un couple voulant léguer leur magnifique voilier. Nous faisons l'acquisition, deux mois plus tard, d'un superbe Feeling 446, 1989 : S/Y Calbodine. Nous ayant choisi, les propriétaires nous offrent un cours de voile privé à bord de Calbodine pendant quatre jours. Avec le temps et l'expérience, nous nous rendons compte à quel point nous avons un voilier formidable, performant et sécuritaire. Une bouteille de bulles fut ouverte en l'honneur de cette grande journée !

Puis nous nous inscrivons rapidement à quelques formations nautiques dès que le printemps arrive. Au moins, nous avons le fleuve Saint-Laurent dans notre cour pour pratiquer la navigation avec ses marées et son fort courant. La vie nous sourit plus d'une fois durant cette école autodidacte intense. Évidemment, plusieurs tentent de nous décourager et je ne les blâme pas vu notre manque flagrant d'expérience. Parmi eux, quelques-uns sont des navigateurs chevronnés de la région avec beaucoup plus d'expérience. Ont-ils peur pour nous ? Ou pour eux ? Mais ils ne connaissent pas notre flamme intérieure infatigable pour relever des défis, le courage que nous avons, la persévérance et la responsabilité que nous octroyons à chaque projet entrepris. Les paroles d'un enseignant de voile nous suivront à jamais : « Quand quelqu'un te dit que ton projet est fou ou impossible, bien souvent tu dois prendre le miroir et le tourner vers celui qui parle. C'est lui qui a peur, pas toi ! ». Il avait confiance en nous.

De longues listes de choses à faire commencent aussitôt. Nous rénovons entièrement la salle de bain principale de la maison pour l'afficher rapidement à vendre. Les enfants participent activement à l'installation de la pancarte devant la maison. Ils sont emballés à l'idée du projet. Nous sommes soulagés de les voir heureux et motivés. Une fois l'enseigne plantée, nous sommes surexcités : une autre grosse étape vient d'être accomplie.

Notre compagnie de construction est à restructurer. Je dois réduire le nombre de dossiers qui remplissent huit classeurs ainsi que le matériel de comptabilité. Je dois compiler l'information contenue dans tous les ordinateurs que nous possédons vers un seul ordinateur portable chacun. Je prépare un minimum de fournitures de bureau pour travailler efficacement à bord pendant que Martin termine les contrats en cours. Je trie pendant des mois le matériel de bureau.

Le ménage inévitable des jouets commence. Au grand désarroi des enfants, ils réalisent maintenant que ce projet implique de donner leur jouets, vendre leurs meubles et se détacher de la majorité de leurs possessions. Je leur donne chacun une boîte en carton (grosseur boîte de bananes) en leur disant que c'est le seul espace auquel ils ont droit pour leurs jouets personnels. Je m'y prends d'avance. Betsy est enthousiaste et enjouée, elle fait rapidement son ménage mais remplit trois boîtes. Nelson s'en moque, il prend ses quelques toutous préférés et met le reste au garage. Walace est désemparé. Il est incapable de se séparer de son lit, de son armoire, de tous ses camions, Lego, Playmobil. Il pleure et ne sait pas par où commencer. Nous travaillons ensemble notre laisser-aller. Nous décidons d'embarquer un gros bac de Lego à bord, jeu auquel ils joueront ensemble encore et encore. Leur boîte de carton débordante se vide de semaine en semaine. Je les rassure en leur disant que les livres et le matériel de bricolage peuvent être dans une autre boîte, à leur grand soulagement. La pile d'articles à donner et à vendre dans le garage grossit de jour en jour.

Puis je trie l'essentiel de la maison pour identifier ce qui viendra avec nous sur le bateau. Mais c'est quoi l'essentiel ? Je commence avec nos vêtements. Je trie nos vêtements d'hiver et d'été, chaussures, bottes d'hiver et de pluie et tous nos manteaux respectifs. J'enlève tous les cadres, les photos et les décorations de la maison et je donne, je vends ou je mets dans le garage pour une éventuelle vente de garage.

Puis je trie ma vaisselle, mes chaudrons, mes plats de cuisine, mes ustensiles, mes contenants en plastique et mes pots Mason que je veux apporter sur le voilier. Le reste s'empile dans le garage. Nous devons manger tout ce qu'il y a dans notre réfrigérateur et notre congélateur tombeau. Je ne veux rien gaspiller. Je prépare toute la nourriture nécessaire à apporter à bord dont les conserves de légumes, de tomates, de poissons et de viandes. Les noix et fruits séchés. Les kilos de pâtes, de riz, de farine et de sucre. La levure, les céréales, flocons d'avoine et quelques desserts cachés. Plusieurs litres de cartons de lait, quelques jus surprises et toutes les sauces et huiles nécessaires. J'embarque des aliments secs pour une période d'un an. J'essaie de ne rien oublier car c'est beaucoup plus facile maintenant avec une voiture que tantôt, à pied ! Et qui sait ce que l'on trouve sur ces îles éloignées ?

Je complète la pharmacie avec des tubes de pâte à dents, shampoings bio, savons, déodorants, produits féminins, mouchoirs, rouleaux de papier de toilette (surtout ne pas en manquer !). Et les serviettes, lesquelles j'apporte ? De plage ou de bain, les grosses ou les petites ? Je dois terminer ma liste de médicaments et ma trousse de premiers soins car on ne sait pas ce qui peut arriver en mer ou dans un pays défavorisé. Nous devons visiter la clinique voyage pour nos nombreux vaccins. Nous devons chacun prendre rendez-vous chez le dentiste et commander des plombages d'urgence. Nous devons chacun visiter l'optométriste et s'assurer que tout le monde a de bons yeux et de bonnes lunettes.

Nous vendons nos meubles et les électroménagers un à un, sur internet. Je les regarde partir, quelques-uns sans peine, d'autres avec une histoire à raconter. Les enfants sont tristes de voir leur armoire et leur lit disparaître mais se réconfortent sachant qu'ils vont vivre sur un bateau. Nous leur disons que papa pourra en faire un autre avec leur aide, le jour où l'on reviendra sur terre. Aussi, ils adorent faire du camping dans leur chambre pendant les dernières semaines. Je suis triste de dire adieu à toutes mes plantes que j'ai vu grandir et dont j'ai pris soin durant les cinq dernières années.

Puis vint le moment de commencer nos allers-retours vers notre voilier. Tout le déménagement se fait par dinghy, un simple voyage à la fois. Les boîtes à faire et à défaire ne nous enchantent plus du tout. Déménager dans un voilier demande une énergie supplémentaire car chaque objet doit passer au test de la nécessité. Il n'y a pas de garde-robe de surplus ni de garage portatif alors c'est oui ou c'est non. Et le oui doit être vital, nécessaire ou absolument indispensable. Un point c'est tout ! Méchante bonne façon (lire ici obligation) de simplifier son avoir matériel.

Et nous continuons ce perpétuel tri de tout ce que nous possédons et avons besoin ou non : ranger, vider et trier le garage, le cabanon, l'atelier, les bureaux, la maison à deux étages et chaque garde-robe rempli à ras bord. Je cherche des livres d'école et du matériel pertinent pour trois niveaux scolaires différents. Les enfants sont heureux de faire l'école à la maison, surtout Walace qui trouve l'école traditionnelle extrêmement compétitive et difficile. Heureusement, d'une certaine façon, ils n'ont pas eu le temps de se tisser des liens précieux, hormis avec les amis de la famille. Au moins, ça facilite le départ.

Je finis les documents administratifs personnels, l'extension d'assurance, la permission spéciale de l'assurance maladie du Québec, le notaire pour la maison. Je dois obtenir une procuration générale, finir le testament (on ne sait jamais), vendre les voitures, faire nos changements d'adresse.

Nous redonnons les innombrables articles reçus à telle ou telle personne. J'ai dû me convaincre plusieurs fois que cette personne ne sera pas fâchée si je donne ou vends l'article reçu. Le reste va grossir la pile au garage. Finalement, nous gardons quelques petits souvenirs et un meuble familial à conserver chez maman. Je crois qu'elle a plus de difficulté que moi à regarder mes avoirs disparaître...

Juin arrive vite. Il est maintenant grand temps de s'occuper du volet navigation. Nous cherchons des cartes de navigation papier et électroniques et les guides des régions prévues à visiter. Martin achète les pièces de rechange pour le voilier. Il installe ce fameux GPS, le nouveau système radar et la VHF/AIS. Il passe les fils pour une petite télévision, installe l'antenne WIRIE, installe cette fameuse pompe de lavage pour bateau. Et le pain, il faut trouver un endroit pour le ranger sans l'écraser. Et les fruits, leur faire un filet de rangement. Et le BBQ, l'installer solidement. Nous devons passer notre licence d'opérateur de VHF. Il faut absolument terminer le cours de radio amateur afin d'obtenir la licence requise. Je veux terminer la lecture de tous ces livres de voile empruntés.

J'organise la vente de fermeture de la maison quelques jours avant notre déménagement final à bord du voilier. Le garage et l'entrée sont bondés d'articles à vendre. C'en est déstabilisant, étourdissant de voir autant de choses inutiles qui nous appartiennent empilées ainsi dans le garage. Comment a-t-on pu, avec le temps, accumuler autant de choses? Nous sommes un peu dégoûtés par notre consommation et totalement soulagés de laisser tout aller. Les enfants vendent leurs jouets et collectent les sous pour la cruche intitulée « voilier ». Une fois cette énorme vente de garage terminée, il reste une Dodge Grand Caravan remplie à ras bord, les bancs abaissés, d'objets que nous donnons à une œuvre de charité locale.

Tout ce processus de ménage, de classement et de tri fut intense, émouvant et parfois même douloureux. J'ai dû faire un grand travail de laisser-aller. C'est comme un voyage dans le temps, une revue des 15 dernières années, un remue-ménage d'émotions. Long et pénible mais ô combien libérateur. À présent, rien de superflu n'occupe notre esprit. Une fois ce processus difficile terminé, nous

nous sentons sincèrement plus légers et beaucoup plus libres.

L'énergie commença non seulement à baisser mais à manquer. Nous ressemblons à deux automates terminant nos listes interminables un peu comme sur un radar. Je sais, nous pourrions attendre un an plus tard et avoir davantage de temps pour nos préparatifs. C'est qu'une fois la décision prise et le processus enclenché, plus question de rester un hiver de plus à Québec. Impossible ! Alors nous redoublons d'effort et continuons nos allers-retours entre la maison et le voilier à chaque fin de semaine (quatre heures de voiture à chaque voyage).

Entre temps, nous voulons voir nos amis et notre famille. Les soupers se multiplient mais épuisent nos dernières réserves d'énergies. Nos trois enfants sont très, trop impatients de partir explorer, faire le tour du monde, nager, faire du *paddle board*, de la bicyclette, jouer aux Lego, jouer à la Barbie, jouer, jouer, jouer et encore jouer, rencontrer de nouveaux amis, faire un tour de dinghy, pêcher. Ils ne nous aident pas du tout à rester calmes et à terminer nos tâches. Nous avons la broue dans le toupet !

Puis vint le moment tant repoussé de prendre cette toute dernière décision crève-cœur et extrêmement difficile. Passer à l'action. Tout n'est pas facile quand nous prenons des décisions majeures et celle-là en découle. Je l'évitais jusqu'à la toute fin. Nous n'en parlions pas entre nous mais nous savions que c'était la seule chose sensée à faire dans les circonstances. Notre chienne familiale de 12 ans devait nous quitter... Voici une lettre que j'ai écrite suite à son départ :

« *Comment te dire au revoir à ta juste valeur après toutes ces années passées à nos côtés !?*

Nous qui t'avons adoptée lorsque tu avais à peine 3 mois, tu étais si petite, si vulnérable, si douce et si énergique à la fois... Toi qui as campé avec nous, chassé, pêché, grimpé des montagnes (5 fois plus que nous d'ailleurs !). Toi qui as traversé plusieurs fois le pays, vécu dans chacune de nos 10 maisons, voyagé plusieurs fois en Amérique du Nord en campeur.

Tu as accueilli un par un chacun de nos 3 enfants, devenant à chaque naissance un peu plus protectrice. Tu as intuitivement pris les enfants sous ta charge, ne laissant aucun inconnu s'en approcher. Tu ne t'éloignais jamais, gardant toujours un œil bienveillant sur nous... Tu avais tellement d'énergie que nous levions nos verres (à ta santé) dès que tu t'approchais... de peur de voir nos verres se faire propulser ! Tu t'es assagie avec le temps, devenant plus calme. Tu me suivais partout, respectant les limites, sans même avoir à te les dire...

Tu as su m'écouter dans mes tristesses avec ton regard soyeux, comme si tu m'entendais, même sans parole. Tu as su partager mes joies et mes énervements avec plaisir ! Tu as su être ma compagne de vie pendant près de 12 ans avec fierté, sans jamais rien demander en retour... et je t'en remercie profondément.

Nous avons pris un nouveau virage qui ne te permettait pas de nous suivre. Et ce fut l'une des plus difficiles, horribles et pénibles décisions que j'ai eue à prendre. J'ai l'impression de t'avoir trahie... je m'excuse. Prendre la décision de mettre fin à tes jours pour poursuivre un rêve me semblait être injuste et cruel à la fois... je m'excuse. Par amour pour toi, je préférais que tu ne vives pas cette décision autrement...

Ta tête lourde, ton regard sensible s'en est allé rejoindre les étoiles... L'instant de quelques secondes et nous sentîmes que tu étais déjà là-haut pour mieux nous protéger...

La veille de ton départ, j'essaie d'expliquer aux enfants que tu ne pourras suivre et ce furent les seuls mots que j'ai pu prononcer. Ma fille, du haut de ses 6 ans, déposa doucement sa main dans mon dos en me caressant et me dit : « Maman, tout va bien aller ! On ira la rejoindre quand on sera vieux nous aussi ! »

Alors je te dis : « Au revoir Chile, mille mercis et à bientôt ! ».

À tous ceux qui ont perdu un compagnon à quatre pattes, je partage maintenant votre peine. »

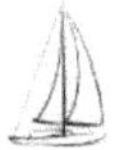

Désormais, il ne nous reste plus aucune attache en ville. Les listes interminables diminuent considérablement. Nous sommes de plus en plus prêts à partir. Le serons-nous totalement? J'en doute, mais l'important est que nous ayons les enfants avec nous, leurs brosses à dents et quelques maillots de bain, non ? Les boîtes sont vidées et triées. Nous avons ressorti du bateau au moins cinq ou six boîtes pleines de trucs à redonner. C'est fou ce que l'on accumule ! Plus de 80 % du matériel que nous avions ne servait qu'à assouvir notre soif d'avoir. Nous avons ramassé plus de 20 000 dollars canadiens avec des articles vendus à moitié prix (ou au quart du prix) par-ci par-là. Difficile à croire mais bien réel.

Ayant loué notre maison avec option d'achat pour juillet, nous vivons maintenant à bord. Un nouveau rythme de vie qui nous oblige à ralentir. Nous suivons le soleil pour notre sommeil. Nous fermons nos cellulaires. Nous déjeunons longuement en sirotant un bon café, puis un deuxième. Nous admirons les arcs-en-ciel et les couchers de soleil. Nous accueillons amis et famille. Le fait de monter à bord de Calbodine rassure énormément nos parents inquiets. Ils réalisent que nous ne partons pas en mer en chaloupe.

Nous jouons avec nos enfants. Nous nous acclimatons à vivre sur un voilier. Nous essayons notre cuisine en faisant du pain et des muffins. Un avant-goût de notre nouveau mode de vie. Nous nous sentons déjà plus libres ! Martin commence à chanter à tue-tête et nos enfants recommencent à danser. Tout le monde s'installe dans ses quartiers personnels. Il ne nous reste qu'une petite visite en ville, un dernier rendez-vous chez le médecin, une dernière voiture à livrer et nous serons fin prêts à partir.

La frénésie envahit nos entrailles. Un départ qui nous rapproche de qui nous sommes réellement, aventuriers dans l'âme. Et ça, ça ne se conforme pas, impossible !

Croyez-moi, nous avons essayé. Un peu comme une rivière qui finit toujours par reprendre son lit. Notre cœur et notre âme nous ramènent toujours à suivre l'aventure, les défis, les rencontres spontanées qu'apportent les voyages. Heureusement que nous sommes pareils, Martin et moi. Nous nous épuisons à vouloir suivre une vie bien rangée qui n'est pas la nôtre, mais à quoi bon ? Alors nous voilà partis, mais cette fois-ci, pour de bon. Cette fois-ci, à une différence près, accompagnés de nos trois enfants avides d'aventure eux aussi.

« Fait de ta vie un rêve, et d'un rêve, une réalité. »

– Saint-Exupéry

CHAPITRE 2 | MILLE ET UNE PREMIÈRES FOIS

29 septembre 2016 — Lac Champlain, Québec

Le plus drôle dans toute cette histoire est qu'une fois prêts à partir, nous n'avons aucune destination ni aucun plan. Nous entendons quelques familles qui partent avec un itinéraire bien précis et un calendrier méticuleusement planifié... Ici, nous sommes tout le contraire de nos habitudes. Nos buts présents sont d'apprendre à suivre le vent, apprendre à relaxer, à écouter nos instincts enfouis, à saisir les opportunités, à suivre les coïncidences et à laisser aller ce contrôle absolu sur l'environnement qui nous entoure (ou plutôt cette illusion de contrôle). Nous partons vers le Sud, c'est certain et nous voulons dépasser le fameux *chicken harbor*[1] des Bahamas. Mais quel pays voulons-nous

---

[1] Georgetown, dans les Bahamas, est surnommé le chicken harbor (le port des peureux). Plusieurs navigateurs ont la frousse et rebroussent chemin, ne dépassant jamais ce point culminant où les conditions deviennent celles de la mer.

visiter, dans quel ordre, quelle route prendre, combien de temps voulons-nous rester à bord ? Aucune idée ! Le plus important, nous sommes maintenant prêts à partir, du moins physiquement.

La veille du départ, nous accueillons nos derniers invités à bord. L'oncle de Martin l'aide à installer notre nouvelle ancre Mantus de 65 livres. La meilleure amélioration faite sur Calbodine. Le pire des soupers que j'ai jamais servi ! Pas très bon, je ne savais pas encore quoi ni comment cuisiner dans notre bateau. J'étais si contente de les accueillir mais j'étais toute à l'envers, nerveuse, fébrile. J'étais en train de vivre un deuil de la vie telle que je la connaissais. Un deuil de douche à profusion, de lave-vaisselle, de laveuse et sécheuse, d'avoir non pas une mais deux voitures, de nos poules, d'une grande terrasse avec notre jardin. Aussi, un deuil de notre famille et de nos amis, de soupers non planifiés, de cafés spontanés et de rencontres avec les cousins et les cousines pour les enfants. Je savais intérieurement que nous ne vivrons plus à Québec, même lorsque nous reviendrons vivre sur terre. J'avais juste le goût de pleurer...

Par chance pour mes émotions, nous sommes très occupés le jour du départ. Descendre le mât, relaver le bateau entièrement avec de l'eau fraîche, sécuriser tout le gréement sur le pont, monter le dinghy solidement, enlever le moteur, prendre une longue douche chaude, remplir l'eau potable à ras bord (nous n'avions aucune idée de combien de temps nos réservoirs pouvaient durer avec cinq personnes), remplir les bonbonnes de propane, vider le réservoir d'eau usée, vider nos poubelles. Oups ! Les enfants doivent manger.

Puis, nous allons à la frontière canadienne en voilier dédouaner, à la frontière américaine s'enregistrer et revenons à la marina chercher un dernier paquet qui devait arriver hier. Nous sommes tellement débutants que tout doit être ultra sécuritaire, ordonné, parfait comme dans les livres. Cette habitude s'est avérée plus que parfaite. Elle nous a probablement sauvé plusieurs fois d'un pétrin possible. « *A tidy boat is a happy boat* », (un bateau bien rangé est un bateau sécuritaire) comme nous a dit un instructeur. Tant qu'à ne pas avoir d'habitude en voile, aussi bien commencer du bon pied.

1700[2] il est trop tard pour aller bien loin. Nous voulons absolument partir de la marina, de notre point connu. Comme un vendredi soir précédant une semaine de camping, quand on va camper de l'autre bord de l'autoroute, juste pour ne plus être dans nos pantoufles le lendemain matin. Nous voulons nous réveiller en vacances, en aventure, libres. Le vent totalement absent, nous parcourons à peu près deux milles nautiques[3] pour s'ancrer avec notre ancre bien neuve et brillante. Et là, nous coupons le moteur. Un air de fête envahit instantanément le bateau et nos cœurs ! Nous crions, dansons, les enfants comme les grands, levons un toast de jus à notre rêve qui est là, sous nos pieds, sous nos yeux,

---

[2] L'heure en navigation, comme en armée d'ailleurs, est notée comme suit : sans points, sans virgule, de 0000 à 2400. Cette méthode sera utilisée tout au long de ce récit.
[3] Le mille nautique est l'unité de distance utilisée en navigation.
1 mille = 1,852 km

dans nos mains, bien réel. À ce moment précis, nous réalisons l'ampleur du pouvoir des rêves, des ambitions, des convictions. Peu importe le rêve, nous avons le pouvoir intérieur de les réaliser, de les accomplir et de les vivre.

Nous voulons vivre sans regret, exister comme si chaque jour pourrait être le dernier. Nous sommes en quête d'aventures, de rencontres, de liberté, d'amour pour nous-mêmes, pour nos propres enfants, de respect pour nous et pour autrui. Nous sommes conscients qu'ainsi, nous laissons derrière nous les gens que nous aimons et qui nous aiment. Nous nous en excusons. Ce n'est pas par égoïsme mais par obsession de suivre notre propre voie. Notre cœur est rempli de bonheur pur en ce moment. Quelle reconnaissance nous avons ! Ça y est, nous y sommes ! Ça y est, nous sommes bel et bien partis en voilier ! À ce moment, j'ai encore le goût de pleurer. Mais cette fois de bonheur, de joie, d'extase pure et simple.

6 octobre 2016 — Waterford, New York

Voilà une semaine que nous sommes partis. Une semaine de premières fois à chaque tournant, à chaque manœuvre, à chaque journée. Notre voilier nous semble si immense ! Nos bouées, nos treuils (*winchs*) et le cordage sont si gros ! Il y eut plusieurs moments de stress et de questionnement technique. Il y a eu aussi cette conviction d'avoir fait le bon choix pour notre famille.

La traversée du Lac Champlain fut calme et relaxante. Pas de vent alors pas de vagues. Heureusement car sans le mât, les voiles ne peuvent pas stabiliser le bateau. Le lac est vaste et large donc pas d'inquiétude avec le profondimètre que nous suivons quand même minute après minute ! Il n'y a que très peu de trafic à cette période de l'année. Juste un traversier frôlé d'un peu près à cause de notre mauvais jugement. Cela nous a valu un coup de criard. Nous nous rappelons, une fois celui-ci passé, la règle du 90°. Notre instructeur avait mentionné que si un bateau est à l'intérieur de nos bras à 90° par rapport à la proue et le côté, nous devons céder. Nous devions juste confirmer la règle. *Check*! Prochaine fois, nous laisserons passer les plus gros navires.

Nous dormons sur une seule oreille les premières nuits au mouillage (voir les premières semaines). Je fais des cauchemars que les enfants se noient en me réveillant en sueurs. Ça me rappelle d'être extra vigilants. Nous écoutons chaque son, nous familiarisant au mouvement normal du bateau, aux bruits normaux du gréement, du vent et de l'eau qui clapote doucement tout près de nos oreilles. Nous nous habituons tranquillement. Les enfants s'occupent, jouent au Lego toute la journée. Ils doivent se dire : « Enfin, personne pour nous déranger ! ». Nous les perdons de vue des journées entières. Nous sommes tous sincèrement occupés à nos tâches, profondément immergés dans notre nouvel environnement, notre nouvel emploi du temps. Nous sommes chacun dans un petit paradis, remplis de gratitude.

Troisième jour, le Lac Champlain rétrécit, ce qui nous oblige à relever les bouées, les cartes, notre GPS. Nous

nous en servons comme d'une excellente pratique de navigation. Au moins, en étant 24 heures sur 24 à bord, notre école de voile est condensée et très intense. Nous arrivons à Whitehall, porte du canal Champlain où 12 écluses nous attendent pour rejoindre New York par la rivière Hudson. Des écluses, ce sont des ascenseurs à bateaux. Toutes nos défenses sont recouvertes de sacs à poubelles noirs pour éviter d'abîmer leur enveloppe en tissu et de les salir irrémédiablement. Nous avons préparé nos amarres. Les gants enfilés, nous sommes fin prêts à les passer.

Pour la première écluse, nous voulons accoster pour bien observer d'en haut comment ça marche en vrai (et non en vidéo YouTube) afin de s'y préparer mentalement. Mais non. Moi à la barre, il n'y a aucun moyen d'accoster sur les miteux pontons flottants. Du moins, pas avec un voilier de cette taille. Nous nous agrippons maladroitement sur le quai sur bâbord en attendant l'ouverture de l'écluse. L'éclusier nous indique par la VHF de bien vouloir reculer pour ne pas recevoir la vague. QUOI!?!? Une vague ? Mon cœur se serre comme pris subitement dans un étau. Je stresse, recule Calbodine. Pour ceux qui n'ont pas encore eu l'occasion de barrer un voilier, reculer ne se fait pas comme en voiture. Il faut calculer un délai de réponse selon les conditions météorologiques, selon le courant tandis que le pas d'hélice du moteur propulse l'arrière dans une direction précise, pas toujours celle où tu veux aller...

Je fais attention de ne rien accrocher et j'attends la vague sentant mon cœur battre au niveau de mes tempes, les mains bien serrées sur la barre à roue. La fameuse vague passe et ne provoque que quelques remous devant nous. Mes épaules crispées reprennent tranquillement leur aise. Les portes majestueuses s'ouvrent pour nous laisser entrer dans cette immense cage métallique. J'ai le goût de hurler à l'éclusier de ne pas faire peur aux gens comme ça ! Nous agrippons les câbles, et le cœur battant encore trop vite, nous prenons place dans une partie de l'histoire de l'écluse construite dans les années 1820. Pourquoi avons-nous choisi un voilier aussi gros, encore ? Le bruit que les portes font en fermant et en ouvrant ressemble à un énorme tombeau qui fait vibrer nos entrailles ou plutôt à une énorme baleine qui a faim, selon les enfants. Peu importe la version préférée, elles sont vraiment impressionnantes une fois emprisonnés dedans, avec des murs atteignant jusqu'à 50 pieds de hauteur. Les 11 autres écluses qui suivent nous permettent de prendre confiance en ces énormes structures fascinantes et en nos moyens de contrôler notre voilier dans un espace restreint. Seule la pratique rend bon.

Après avoir sillonné le canal Champlain parmi grands hérons et aigles à tête blanche, nous rencontrons deux familles québécoises en voilier à Waterford, NY, en direction Sud eux aussi. Les enfants se lient d'amitié et les parents aussi. Nous nous comprenons même sans rien dire ! Le début de notre aventure prend forme et nous savourons chaque moment. Nous passons quelques jours à Waterford afin de laisser passer l'ouragan Matthew et de respirer notre nouvelle vie. Je travaille sur des plans de mini-maison pour un client et les enfants explorent les alentours avec papa en se dégourdissant les jambes. J'ai si hâte de me rendre à la ville de New York. Ce sera pour nous un premier exploit. L'ancienne propriétaire voulait venir jusqu'à New York pour nous aider. Se rendre là seuls et sans incident est une prouesse dont nous serons fiers.

Nous continuons quelques jours plus tard vers Catskill afin de remonter notre mât. L'équipe de Riverview était pas mal efficace malgré leur apparence douteuse. Quel soulagement de ne plus avoir tout ce gréement sur le pont qui traînait dans nos jambes. Le bateau a fière allure le mât relevé. On ne relaxe plus trop le matin à boire le café car il fait 0 à 5°C en se levant et le chauffage est inexistant. En route, je prépare des croustades, petits pains maison et gâteaux pour réchauffer notre espace de vie. Si tout va bien, nous nous rendrons à New York City dans une ou deux journées.

Plus nous approchons de Manhattan, plus le trafic marin augmente. Des grosses barges, paquebots et bateaux de croisière nous dépassent et nous croisent. On dirait qu'ils vont nous foncer dedans tellement ils sont immenses. Je m'habitue à leur présence monstrueuse, hésitante un peu comme on apprivoise un animal sauvage dont on a peur au début. Il y a de l'espace autour, de l'eau en masse et nous allons à la vitesse d'une bicyclette, alors pas de panique. Nous devrions avoir le temps de les regarder passer ou de les laisser passer. Les enfants crient des « youpis » d'en bas à l'arrivée des vagues qu'ils nous font.

Pendant que je suis à la barre, je vérifie les bouées, notre position, j'écris nos coordonnées à chaque heure dans notre carnet de bord. Tout à coup, j'entends un gros « PAF ! » dans mes oreilles et je me sens immédiatement coincée. Ha ! Mais qu'est-ce qui m'arrive ? Mon cœur chavire brusquement. À ma grande surprise, ma veste de flottaison automatique s'est déclenchée et s'est gonflée en l'espace de deux secondes. J'ai dû l'accrocher par erreur. Après la surprise passée et 80 $ envolés, les enfants et Martin rigolent aux larmes. Nous sommes tout de même rassurés de l'efficacité de celle-ci !

Une routine de navigation s'installe. Les enfants jouent sans cesse et font l'école dehors, assis dans le cockpit. Nous respirons à grandes bouffées l'air qui nous entoure. Martin sort sa scie ronde pour faire quelques modifications tout en naviguant. Il y a peu de mouillage donc nous devons planifier notre temps de navigation et nos sorties. Nous préparons un plan A mais aussi un plan B et C, parfois même un D. Car les plans sont faits pour être changés, selon le dicton. Et plus que jamais en voile. Avec les facteurs météorologiques qui changent constamment, c'est à nous de nous adapter et non l'inverse.

Je pratique mon laisser-aller en abandonnant le routine très fixe établie depuis la naissance des enfants quand nous commençons notre lunch vers 1500 ou que nous arrivons au port vers 1800 et qu'il reste le rangement, le souper, la toilette à faire. J'ai le cœur à l'envers. Le manque de stabilité m'étourdit pour le moment tandis que Martin se sent enfin revivre ! Les enfants s'adaptent à merveille. Ils ne demandent pas mieux. Ils n'implorent jamais quand nous arrivons mais plutôt où sommes-nous rendus ? Ils s'ajustent tellement bien, c'en est déstabilisant pour moi, l'adulte conventionnelle incapable de s'adapter aussi vite.

13 octobre 2016 — Pollepel Island, New York

Totalement impressionnés, nous naviguons sous le chantier de la construction du pont Tampeze. Un type de pont qui pourrait figurer dans une émission de télévision de méga chantier. Il nous faut au moins une heure pour le traverser. Une fois le pont dépassé, nous pouvons enfin apercevoir New York City de loin. Nous voilà tous les cinq excités. Debout sur le pont, nous chantons la chanson « New York, New York » pendant 7-8 minutes jusqu'à ce que nous nous rendions compte qu'il reste au moins deux heures de navigation avant d'y arriver ! Betsy et Nelson ont le temps de retourner jouer et nous nous calmons tous. Walace, curieux et avide de tout voir, reste avec nous sur le pont.

Je me mets dans la peau de tous ces Européens qui, à l'époque des grands navires en bois, embarquaient pour traverser l'océan Atlantique dans l'espoir aveugle de trouver un avenir meilleur pour leurs descendants. Le rêve américain dans cette ville légendaire où tout était permis. Je me sens exploratrice même si j'utilise tous ces instruments modernes. Comment se sentaient-ils, à l'époque où la technologie était encore absente ? Qu'est-ce qu'ils pouvaient bien imaginer en approchant de cette ville mythique par voie maritime alors que leur vie était sur le point de changer à jamais ? Nous sommes remplis d'espoir.

Puis le son grandissant et omniprésent de la circulation me sort de ma rêverie. Des sirènes de police, de pompiers et d'ambulances remplissent nos oreilles ainsi que les taxis, les autobus et les klaxons de voiture en mouvement constant. Nous n'avons jamais vu ni entendu autant d'hélicoptères en même temps, constamment. Les gratte-ciels chatouillent les nuages de partout si bien qu'à un certain moment, nous avons l'impression d'en faire pleinement partie. Les bateaux-taxis, les barges, les paquebots, les bateaux de croisière, les kayaks, les voiliers, les motomarines, tous plus pressés les uns que les autres, s'entrecroisent habilement autour de nous. Un bel avant-goût du tourbillon terrestre.

Finalement, après avoir tournoyé dans les vagues et le courant pendant près d'une heure autour des boules de mouillage de la marina de la 79th Ave, nous ne sommes pas du tout à l'aise d'ancrer dans 35 pieds d'eau avec près de deux nœuds de courant[4] et une marée changeante toutes les six heures. Nous finissons par accoster Calbodine sur le quai monstrueux, détruit par endroits, à 150 $ la nuit. Nous installons tout ce que nous possédons de défenses, sans oublier de laisser du jeu sur nos amarres en prévision de la marée. À voir les taquets arrachés, tout indique que certains avaient malheureusement oublié cet élément.

C'est quand même certainement l'hôtel le moins cher du centre-ville de New York, quartier Manhattan. Un élan de fierté nous envahit. Nous y sommes arrivés seuls ! Une première grosse étape de franchie et pas une égratignure

---

[4] Le nœud est l'unité de mesure de vitesse utilisé en navigation. 1 nœud = 1 mille par heure ou environ 0,514 mètres par seconde

sur notre coque. Nous ouvrons une petite bouteille de bulles en l'honneur de cet accomplissement. Ce soir, nous sortons en ville jubilants. Nous sommes à Manhattan, New York City à bord de notre propre voilier, par nos propres moyens !

« Seuls ceux qui osent s'accordent le droit de réussir. »

– Jacques Audiberti

CHAPITRE 3 | APPRENTISSAGE CONTINGENTE EN CONTINU

16 octobre 2016 — Manhattan, New York

Après avoir visité intensément pendant deux jours ce Manhattan légendaire dont la rue Broadway, Times Square, le Columbus Circle, la librairie publique, la grande gare Centrale où de nombreux films ont étés tournés, l'Empire State Building, une promenade dans l'intriguant métro souterrain, le Museum of Natural History, une promenade dans Central Park, le tout alimenté de *food truck* et de bonbons M&M's à 20 $, nous reprenons notre route vers Sandy Hook. Betsy me demande pourquoi c'était la fête tout le temps dans cette ville. Il y avait tant de monde, partout. Certains pressés, stressés, d'autres reposés, sur un banc à discuter, à pied, à vélo, à cheval, en carriole, en train, en taxi, en métro, en Jaguar... Chacun faisait son chemin dans une harmonie éblouissante et chaotique.

Nous sommes contents d'avoir pris une bouchée de cette ville mais encore plus contents de la quitter. Il ne nous reste qu'un emblème à admirer. Quelle chance d'être à bord de notre voilier pour naviguer à notre rythme au pied de la Statue de la Liberté ! Nous l'observons humblement quelques instants avant de zigzaguer parmi la quinzaine de paquebots attendant leur tour au port maritime. Le vent dans les cheveux, Manhattan fut enivrant et impressionnant.

La mer est à nos pieds. Nous la sentons proche, calme et déferlante, curieuse et terrorisante, vaste et attirante, angoissante et mystérieuse à la fois. Prochaine grosse étape, prendre la mer. Sandy Hook est le dernier mouillage avant l'océan Atlantique. Ici, le canal Intra Costal étant absent, cela oblige à faire un saut par la mer. Il reprend à Norfolk, Virginie du Nord. Par contre, de forts vents nous obligent à rester à bord. De 20 à 30 nœuds soutenus avec des pointes de 40 nœuds pendant 48 heures nous tiennent éveillés.

Un soir de grand vent, nous décidons de regarder un film dans le cockpit afin de rester à l'affût. Nous ne sommes pas habitués à un vent intense soutenu avec de si fortes rafales. À la moitié du film, vers 2300, je regarde Martin du coin de l'œil et j'aperçois un voilier de 40 pieds à peu près à 15 pieds de nous, continuer sa course dans notre direction. Moi paniquée, Martin saute dans le dinghy, cogne frénétiquement sur la coque du propriétaire pendant de longues secondes jusqu'à ce que celui-ci se réveille. Il finit par se déplacer au milieu de cette nuit mouvementée. Maintenant en pleine alerte, nous observons plutôt les bateaux et regardons la fin de notre film du coin de l'œil. Nous surveillons les deux voiliers derrière nous se balancer au grand vent. Ils nous semblent dangereusement proches. Tant qu'à y être, Martin va voir en dinghy pour nous rassurer. Il ne reste qu'une quinzaine de pieds entre les deux voiliers ballottant au grand vent. Le reste de la nuit, nous ne dormons que sur une oreille.

Lors d'une accalmie de vent, nous décidons de laver l'extérieur de Calbodine. Vers 1500, les enfants sortent sur le pont en nous disant dignement qu'il est l'heure d'arrêter de travailler et d'aller à la plage. Le sac à dos est prêt avec un lunch, des serviettes et des jouets pour tout le monde. Comment résister ?

Le lendemain, nous en profitons pour faire une épicerie et du lavage qui durera toute la journée. Une heure de marche plus tard, nous trouvons la buanderie qui est exceptionnellement fermée pour la journée. Découragés et un peu frustrés, nous allons reporter les sacs de linge encore sale au bateau. Nous retournons au marché pour ne revenir qu'en fin d'après-midi, chacun un sac à dos lourd débordant de fruits et de légumes. Les pommes n'ont jamais été aussi bonnes !

Notre nouveau mode de vie nous oblige à surveiller constamment la météo. Nous préparons donc Calbodine pour un autre épisode de plusieurs jours de vent fort, froid et violent. Nous avons encore peur d'une collision lorsqu'un voilier ancré juste devant se dirige rapidement sur nous. Défenses à la main, klaxon sonore dans l'autre, nos voisins immédiats alertés par le bruit aurons la frousse de voir ce capitaine dérivant de trop près. Une fois le vent calmé, nous réalisons qu'une simple défense était bien maigre comme bouclier. Nous devenons méfiants par grand vents et surtout extra vigilants quant à la façon de s'ancrer.

Demain Halloween. Interdiction de partir en mer de la part de nos enfants. Un peu nostalgiques de nos gros soupers d'Halloween costumés, nous allons dans les rues tous déguisés... en pirates ! Puis, le vent se calme. Une fenêtre météo de quatre jours s'ouvre à nous. Ça y est, la mer nous appelle ! Nos voiles sont prêtes, le frigo est plein et la fée des dents nous a trouvés. Nous pouvons partir vers la Chesapeake Bay.

1 novembre 2016 - Sandy Hook, New York

Ce matin, je suis excitée comme les enfants hier avec leurs bonbons. La mer. La voilà ! J'ai une boule dans l'estomac. Je vais à la toilette au moins trois fois avant d'être prête. À 0900, nous levons l'ancre vers l'Atlantique. La baie de New York très agitée avec de gros remous fait place à une vaste étendue d'eau d'un bleu profond et calme. L'horizon s'ouvre devant nous à l'infini, laissant place à un sentiment de liberté intense. Toutes mes inquiétudes, mes angoisses, mes craintes font place à un calme serein et profond. Nous venons d'amener Calbodine là où elle est construite pour performer : la mer. Nous nous sentons libres, aussi libres que l'immensité de la mer devant nous.

Mais tout n'est pas encore acquis. J'ai encore une angoisse d'ouvrir la grande voile à 100 %. Elle est si grosse, majestueuse, puissante, intimidante. La journée passe rapidement. La ligne à l'eau, trois poissons ne se laissent pas embarquer dans notre BBQ. Les enfants s'endorment rapidement avec ce mouvement continu. Le soleil nous suit jusqu'à la toute dernière seconde puis une minuscule lune se lève doucement depuis l'horizon. Avec la nuit noire grandissante, nul besoin de me rappeler de m'accrocher à la ligne de vie[5]. Juste à la pensée de tomber dans l'eau noire, sombre et obscure, pendant que mon compagnon dort, j'ai des frissons d'horreur.

Je rentre dormir pour mon quart de trois heures et je ressors, surprise, dans une nuit éclairée multicolore. Un café chaud à la main, habillée de tous mes vêtements chauds que j'ai pu apporter, je rejoins Martin. Nous apercevons Atlantic City tel Las Vegas dans le désert noir. Martin rentre dormir à son tour. Un calme s'installe paisiblement au fur et à mesure que les lumières de la ville disparaissent derrière nous. Les étoiles se lèvent par milliers. Je me sens si calme et sereine. Comme si je venais de faire une longue séance de yoga et de méditation. C'est peut-être parce que tout le monde dort, mais je savoure chaque seconde de ce silence qui m'enveloppe et de cette solitude qui m'envahit. Je suis seule au monde et mes pensées sont calmes et heureuses. Je suis si bien dans le moment présent que je crois rêver. Mon quart[6] passe rapidement.

Vers 0630, je suis de retour à la barre. Les enfants se réveillent et passent la tête dans le portique comme des chatons curieux. Ils viennent me rejoindre doucement sur le pont, un à un, intrigués de savoir où nous sommes rendus. Un bonheur pur et simple de les accueillir ainsi au grand air, sans pression de temps ni d'avoir à aller

---

[5] Une ligne de vie est un dispositif de sécurité permettant à son utilisateur de s'y attacher afin de se sécuriser contre les risques de chute.
[6] En traversée, de jour comme de nuit, nous partageons la navigation en 3 heures chacun. L'un est responsable du navire, l'autre se repose, fait les repas ou s'occupe un peu des enfants.

quelque part. Nous partageons un hot-dog déjeuner : deux tranches de pain, du beurre d'arachides et une banane complète, le tout bien écrasé entre les mains. Nous sommes dans l'entrée de la baie du Delaware. Il fait beau, il est tôt. Nous changeons de cap. Nous avons entendu beaucoup d'histoires d'horreur de mer déchaînée sur la baie du Delaware. Nous prenons vite la décision d'enchaîner la navigation et de nous rendre à Chesapeake City, dans le canal entre la baie du Delaware et la baie de Chesapeake. Il fait chaud, au moins 15°C. Il y a peu de vagues avec un vent parfait. Nous planons comme sur un nuage : nous avons des conditions idéales pour ce passage que nous redoutions en raison de sa réputation. Nous sommes choyés ! Après 188 milles nautiques en 31 heures de navigation, nous arrivons dans cette minuscule baie, à Chesapeake City, où il y a plus de bateaux entassés que de voitures dans un stationnement de McDonald's un samedi midi pluvieux. Nous nous glissons parmi tous ces bateaux en espérant que le vent ne se lève pas. Après avoir englouti nos premiers fameux *Crab cakes* en compagnie d'une autre famille québécoise en voilier, nous nous endormons tous les deux avant nos gamins.

La baie de la Chesapeake nous offre un parfait terrain de jeu avec des vagues et du vent pour affiner nos techniques de voile et nos capacités de navigation ainsi qu'une multitude de petites baies où se réfugier la nuit. Son seul défaut reste les centaines, voire les milliers de cages à crabe à contourner. Je suis d'ailleurs toujours surprise que nous n'en n'ayons pas pris quelques-unes au moteur. Annapolis est merveilleux, un peu comme le Banff de la voile. Hors saison, nous nous sommes quand même régalés de *Crab cakes* et de bières locales artisanales. Il faut bien justifier ces centaines de détours de cages à crabe !

Nous en profitons pour visiter Washington DC qui est à moins de deux heures d'autobus, soit le 8 novembre 2016, jour d'élection présidentielle. Les enfants me demandent dans l'oreille, hésitants et un peu méfiants, pourquoi il y a juste des gens à la peau noire dans l'autobus? Un début de choc culturel commence ici et s'accentuera bien plus loin. Nous en profitons pour parler d'histoire, des différences, des cultures. Une ouverture d'esprit germe doucement dans leur tête.

Nous arrivons en métro au fameux parc National Mall qui donne sur le Washington Monument. Mous marchons à travers les musées, devant le War Memorial jusqu'au monument du président Lincoln où tout est d'une propreté immaculée. Devant la Maison-Blanche, nous ne pouvons qu'imaginer la turbulence qui doit se passer à l'intérieur en ce jour mémorable d'élection où Trump a été élu... Au grand découragement des enfants, nous ne pouvons visiter cette fameuse Maison-Blanche où la famille présidentielle habite, ni les chambres, ni la cuisine, ni les salons. Betsy voulait tant rencontrer les femmes de la Maison-Blanche ! Nous gardons un souvenir impeccable de la Chesapeake Bay.

14 novembre 2016 — Norfolk, Virginie

Après trois jours de navigation sans arrêt et trois nuits à l'ancre, c'est toujours un plaisir d'aller à terre se dégourdir les jambes. Mais comment se fait-il que personne ne parle de Norfolk, la plus grosse base navale militaire au monde ? Nous en avons eu pour notre argent.

Notre arrivée est ralentie par le départ d'un sous-marin militaire partant en mission, escorté par trois hélicoptères et plusieurs bateaux de police. Interdiction de naviguer à moins de cinq milles, sécurité renforcée, nous devons contourner son départ.

Sous-marins, porte-avions, bateaux de guerre tous plus gros les uns que les autres, nous nous sentons en plein jeu de *Battleship* ! Puis les hélicoptères, les avions, les jets tout droit sortis d'un film de guerre nous envahissent de partout. Ici, nous réalisons l'ampleur de l'économie américaine qui dépend de l'armée. Après une visite dans l'un des plus beaux musées jamais visités, le musée Nauticus, nous dormons au son des hélicoptères en poursuite et des bateaux cigares fugitifs.

Le lendemain, nous reprenons la route rapidement. La police navale, des bateaux remorques, des bateaux furtifs, d'énormes bateaux militaires portant tous des noms qui nous sont inconnus nous dépassent et nous croisent de très près. Nous sommes étourdis, abasourdis par l'énormité de ce port maritime. La radio VHF ne s'arrête jamais. Les commandes fusent de partout. Les paquebots vides ou pleins quittent ou entrent dans le canal, passent devant ou derrière nous. J'ai la tête qui tourne. Walace, qui nous accompagne très souvent à la barre, ne dit plus un mot et observe cette scène qui semble éternelle.

Trois heures de navigation s'écoulent et le port est toujours aussi immense. Le trafic est toujours aussi abondant. Un paquebot rempli de conteneurs à ras bord nous croise à bâbord[7] tandis que deux remorqueurs poussent un paquebot à tribord[8], formant d'énormes remous jusqu'à nous. Nous nous sentons coincés entre eux. Nos cœurs s'arrêtent de battre un instant. Calbodine garde fièrement sa course. Nous la trouvons bien petite à cet instant. À vrai dire, nous nous sentons infiniment minuscules.

Nous arrivons à un premier pont qu'il faut demander d'ouvrir. J'essaie maladroitement de baragouiner quelques mots précis en anglais et en bonne ordre à la radio VHF au milieu de toutes les conversations militaires. Nous attendons 50 minutes sur place avant de s'infiltrer un peu plus loin dans ce canal Intra Costal. Au prochain pont à bascule, nous attendons 20 minutes en compagnie de plusieurs bateaux pressés de rejoindre la chaleur. Le prochain pont à franchir a 65 pieds de tirant d'air. Notre mât devrait mesurer 60 pieds, si nos calculs sont bons. Soudainement, nous hésitons. Et si on s'était trompés ? Et si on accrochait le pont ? Notre cœur se serre dans nos poitrines à mesure que le pont approche. Nous ralentissons notre vitesse de croisière au minimum, juste assez pour garder le contrôle du voilier. Nous pourrions mettre la main au feu que nous allons fracasser le pont et le briser. Pire encore, briser notre mât. La tête baissée, les épaules relevées, nous arrêtons de respirer jusqu'au moment où le mât atteint le milieu du pont et que nous n'entendons pas de bruit de métal tordu. En quelques

---

[7] Bâbord est le côté gauche d'un bateau lorsqu'on regarde vers l'avant.
[8] Tribord est le côté droit.

secondes, nous dépassons cette immense structure d'acier, rebaissons les épaules et reprenons notre souffle. Nous sommes soulagés, Walace inclus.

Après ces quelques ponts, le canal rétrécit, le paysage change pour devenir naturel et le trafic s'éclaircit pour ne plus que compter que quelques bateaux par-ci par-là. Puis, côté bâbord, nous passons une écluse de quelques pieds en hauteur. En sortant de celle-ci, un pont nous attend, ouvert. Martin s'engage et le contrôleur nous ordonne subitement d'arrêter. Un remorqueur en sens inverse, qui prend toute la place, doit passer avant nous. Martin colle Calbodine dangereusement à tribord très près du mur de béton juste avant le pont. Les remous du remorqueur nous balancent de gauche à droite. Un autre voilier est juste derrière nous tandis que toutes nos défenses sont évidemment du mauvais côté. Quelques secondes plus tard, le contrôleur du pont nous presse de passer car le trafic automobile nous attend. Martin met les gaz au fond avec notre moteur 55HP pour 16 tonnes et dépasse comme au ralenti le pont qui commence déjà à redescendre. Nous apercevons un quai juste après ce pont et Martin nous accoste sans hésitation en parallèle entre deux voiliers. Nous lançons les enfants sur terre pour jouer aux cow-boys (et nous donner un peu d'air) et nous débouchons deux bières. Ouf... Nous reprenons notre souffle, le temps que nos sueurs froides de la journée sèchent. Heureusement, aucune égratignure ne reste en souvenir.

La suite du canal est beaucoup plus tranquille. Les mouillages sont calmes, paisibles et bien protégés des intempéries. Le temps chaud nous interpelle. Nous avançons de près de 50 milles nautiques par jour, soit 8 à

9 heures de marche sans arrêt. Notre arrivée à Oriental, Caroline du Nord, est un moment mémorable. C'est dans cette mini baie surchargée de voiliers et de crevettiers où l'odeur de la mer est omniprésente que nous rencontrons un bateau suisse. Cette famille changera, à son insu, notre façon de voir la vie en voile. Excités de voir un bateau avec des enfants à bord, les parents nous abordent aussitôt que notre ancre est au fond ! Naviguant avec leurs trois enfants depuis déjà deux ans sur un voilier de 38 pieds, ils sont la preuve vivante du succès de cette aventure. Ils nous donnent le goût avide de continuer. Une belle amitié est née.

D'ici, le canal se resserre, le courant dans les entrées de la mer crée des hauts fonds imprévisibles. Il faut surveiller constamment les bouées, les hauts fonds, nos guides et les forums à jours. Nous devenons de plus en plus stressés. Puis un jour, une bouée bâbord se trouve curieusement à droite, laissant peu de place pour circuler entre celle-ci et le bord de la rive. Le temps de se poser la question et nous frappons de plein fouet le fond sablonneux. Calbodine s'arrête net sec. Il faut dire que nous ne sommes pas les seuls car il ne faut que quelques secondes pour reculer et reprendre notre route. Les jambes molles, nous commençons à rêver à l'immensité de la mer.

Au moins, le Sud se fait de plus en plus sentir, quoique nous portons toujours nos vêtements d'hiver. Nous apercevons nos premiers dauphins nageant avec nous. Puis les grands hérons, les pélicans et les cygnes remplacent nos mouettes et nos corneilles du Nord. Le passage dans le Snow Cut Canal, genre de rivière à contre-courant bordée de multiples rochers de chaque côté, large de 100 pieds, est la goutte de trop. Après ce passage sur le gros nerf, la mer sera sans hésitation notre prochain défi dès demain.

Juste avant de rejoindre le mouillage du soir, je prends un virage trop serré et je nous accroche au fond dans je ne sais trop quelle structure. Je sens un coup à la barre avec les vagues de côté. Fâchée contre moi, j'ai les émotions à fleur de peau. J'espère n'avoir rien brisé. J'ai le cœur gros. Mais qu'est-ce qu'on fout ici ? Les larmes coulent de tout ce trop plein d'émotions accumulées ces deux derniers mois où les premières fois se sont succédées sans arrêt. Je me sens soudainement fragile et si vulnérable.

Nous préparons Calbodine et nous regardons la météo pour la millième fois avant de prendre la mer le lendemain matin. Ce soir-là, nous sortons sur une mini île déserte, mis à part les quelques centaines de pélicans, pour regarder le soleil réconfortant se coucher tranquillement.

« Le luxe n'a rien à voir avec l'argent, celui-ci ne peut être acheté ! C'est plutôt le bénéfice de ceux qui n'ont pas peur de l'inconfort. »

– Jean Cocteau

CHAPITRE 4 | L'INCONFORT DU PLUS GRAND QUE SOI

27 novembre 2016 — Cape Fear, Caroline du Nord

1130, Martin lève l'ancre. Je suis à la barre et je tremble, je pleure, j'ai peur. Les deux derniers mois m'envahissent. J'ai besoin de temps pour assimiler mes nouvelles notions, ma nouvelle vie. Il n'y a pas une seule journée sans que nous n'ayons rien appris. Soit sur la navigation, la vie à bord, les conditions météorologiques, la gestion de notre hygiène personnelle, le réglage des voiles, le fonctionnement du bateau, du moteur, du dinghy, les déplacements sur terre, la préparation de chaque départ, l'ajustement à chaque arrivée, à chaque ville, l'approvisionnement, les enfants omniprésents, mon mari omniprésent, la confection des repas, se tenir debout en mouvement constant. Tout juste si nous n'avons pas besoin de réapprendre à respirer. J'ai une soudaine overdose. J'ai besoin de temps. J'ai besoin de repos.

Nous nous promettons qu'en Floride, où la chaleur sera avec nous, nous prendrons du temps pour tout assimiler. D'ici là, la mer nous accueille avec des vagues de 4 à 6 pieds et du vent idéal pour lever les voiles. Nous attrapons même un thon, au grand bonheur de toute la famille ! La nuit noire fait briller des milliers d'étoiles qui nous accompagnent jusqu'à Charleston, Caroline du Sud, 131 milles nautiques plus loin en 22 heures de navigation.

Nous prenons tranquillement confiance en notre bateau et en nos moyens. Calbodine est réellement faite pour la mer, pour les grands espaces. Elle est bien dans l'immensité de la mer. Les voiles fièrement montées, elle fend l'eau avec une facilité déconcertante.

Nous ne resterons que quelques jours dans cette merveilleuse ville de Charleston. Accompagnés de nos nouveaux amis, les enfants jouent sans fin et nous partageons presque chaque moment ensemble. Nous préparons notre sortie en mer jusqu'à Cap Canaveral, Floride. Le vent prévu du Nord nous assurera un passage convenable afin de rejoindre le Sud rapidement. On annonce des vagues de 5 à 6 pieds, occasionnelles à 8 pieds. Ce soir-là, je lis sur la hauteur des vagues. Je suis intimidée et peu rassurée mais Martin est confiant. Les propriétaires de notre bateau copain n'ont aucune hésitation. Le stress m'envahit, je dors très mal.

1 décembre 2016 — Charleston, Caroline du Sud

Cette sortie en mer fut ma plus troublante mais nous en tirerons nos plus grandes leçons. Je note nos apprentissages pour ne plus jamais reproduire nos erreurs. Le matin du départ, un jeune couple sympathique vient à bord se présenter et discuter.

« Le matin d'une longue sortie en mer, la préparation est primordiale, bien plus qu'un café partagé. »

Le temps est beaucoup plus gros que nous ne l'avons jamais expérimenté. Notre bateau copain me rassure : ils n'ont aucune hésitation, ils foncent.

« Ne pas suivre les autres navigateurs. Suivre nos propres moyens et nos propres capacités. »

1030, nous levons l'ancre. Nous allons une fois de plus au-delà de ma zone de confort. Je ne me sens pas prête pour cette mer qui m'apparaît énorme pour les moyens de l'équipage (ou les miens). Je suis fatiguée, épuisée. Je pars à reculons, je suis Martin sans être un matelot mais un passager. Dès la première heure de navigation, juste à la sortie du port, la météo me semble trop grosse, épeurante. Les vagues sont hautes, le bateau bouge intensément et les enfants sont inconfortables. Je suis incapable de les rassurer.

« Ne pas partir quand on se sent épuisés avant la navigation. »

Après quelques heures de navigation, Walace est vert, il vomit. J'ai aussi le mal de mer, je vomis. Je suis totalement indisponible. J'ai peur et je le transmets aux enfants involontairement. C'est plus fort que moi, je ne veux pas être ici.

« Je n'ai rien préparé à manger ni pour les repas ni pour les collations. »

1700, Nelson vomit, moi aussi, encore. Betsy est un ange rayonnante. Elle nous apporte des mouchoirs et une gourde d'eau dans ce mouvement constant et violent. Je ne vois pas Walace. Il doit être en boule sur sa couchette, un bol dans les bras. Martin s'amuse dans les vagues. 1900, je suis couchée dos contre le mur de la banquette et j'essaie de fermer les yeux. Les enfants ont disparu, sûrement couchés eux aussi. Ils ne peuvent pas aller bien loin à l'intérieur de Calbodine. Ils ne m'inquiètent pas.

Les bruits qui m'envahissent sont puissants, troublants, nombreux et nouveaux. Est-ce normal ? Est-ce que le bateau va se déchirer en deux ? Le son de la coque qui frappe dans les vagues est si immense, sourd, intimidant, intense. Le bateau entier tremble à chaque vague. Tout le contenu vibre et se balance inlassablement. Quelques articles tombent et se fracassent lourdement. J'ai peur. Je me demande si le bateau va tenir. Les enfants se réveillent cette nuit-là pour se faire rassurer. Je ne suis pas convaincante et ils le sentent.

Au moins Martin est rassuré et confiant. Il est dehors par grand vent parmi les dauphins, les milliers d'étoiles et une traînée d'effervescence tel Avatar dans la forêt enchantée. Il est comme un gamin en pleine action, le sourire fendu jusqu'aux oreilles. Il comprend que le bateau suit son mouvement avec les vagues et il se sent en paix intérieure comme rarement il l'a expérimenté.

2300, nous changeons de cap. Nous coupons notre chemin en deux et suivons notre plan C, ou le plan D, je ne me rappelle plus. La communication avec nos amis manque et nous sommes incapables de leur communiquer notre changement de direction. Ils sont trop loin devant.

« Faire savoir avant le départ nos différents plans de navigation aux autres bateaux si le voyage est en groupe. »

Il fait une nuit noire comme du charbon et les étoiles ont disparu. Nous suivons la côte d'à peu près 60 milles. 2400, j'entends Martin hurler : « ANNIE ! Vite ! Viens m'éclairer ! », avec un ton d'urgence dans la voix. Je me précipite dehors sans prendre le temps de m'attacher à la ligne de vie et je cherche la torche sous une banquette dans ce mouvement violent. Au moment même où j'allume devant, nous entrevoyons une énorme structure d'acier non éclairée droit devant nous, grosse comme la cathédrale Notre Dame de Paris. Le temps de virer la barre pour éviter de justesse cette énorme structure qui aurait pu devenir notre lit de mort instantané, nous empannons involontairement.

La bôme changeant de bord brusquement, avec ma tête regardant à l'horizon, j'ai tout juste le temps de me jeter par terre de tout mon long. J'évite de justesse une bôme à la tête et un saut dans cette mer sombre et sans merci. J'ai des idées noires qui défilent dans ma tête. Notre radeau de survie est encore sous le siège, nous n'avons même pas de *grab bag*[9] prêt, la trousse de secours est loin dans les coffres, les vestes de flottaison des enfants sont

---

[9] Un *grab bag* est un sac au sec contenant un minimum d'articles pour la survie en mer advenant l'obligation de quitter son navire. Ce sac doit prêt à lancer à la mer en quelques secondes. Essentiellement, une copie des passeports s'y trouve ainsi qu'une multitude de petits articles. Voir Annexe B

pêle-mêle. Je ne reprends plus jamais la mer sans être 100 % prête à toute éventualité avec un plan de survie bien établi. Martin a miraculeusement eu un pressentiment troublant...

> *« Un bateau peut couler dans les 30 secondes suivant un impact violent. Obligation d'être prêts à tout, tout le temps. De plus, avant chaque sortie en mer, nous devons étudier les cartes papier. Ces tours monstrueuses y sont inscrites mais elles n'apparaissent pas sur les cartes électroniques. »*

1000, un bol entre les jambes, je rampe vers Martin pour lui lancer une banane et une barre tendre. Martin tient le coup après une vingtaine d'heures à la barre, j'ignore comment. Je le regarde faiblement et, à voir sa tête, je me secoue violemment et je m'oblige à sortir prendre la barre avant qu'il ne s'effondre. Je lui dis qu'il pourra maintenant nous comprendre, nous les femmes qui ont mis tant d'heures à accoucher. Ha ! Je reprends peu à peu mes esprits, l'air salé au visage ravivant mes sens. Le mal de mer disparaît progressivement et je me sens revivre. Le soleil aide à mieux voir devant sans se faire des idées menaçantes et je peux mieux anticiper les vagues.

Debout derrière la barre, nous disparaissons dans le creux des vagues. Au moins 10 à 12 pieds de vagues. Le bateau est fait pour ces conditions et bien plus. Je viens de confirmer le dicton que l'équipage flanche bien avant le bateau. Ma zone de confort a subitement augmenté d'un bon cran. Avec le soleil qui réchauffe l'air, les enfants me rejoignent dehors en même temps que les dauphins. Leur douce présence réconfortante me rassure ; tout va bien aller. Les enfants attachent leur ligne de vie sans même que j'aie à leur dire.

1630, nous sommes à Fernandina Beach, à l'abri des vagues dans une baie. La Floride, le sable, les palmiers ! Après 175 milles pour 31 heures de navigation, nous nous endormons d'un sommeil entrecoupé et agité, bien avant les enfants.

3 décembre 2016 — Fernandina Beach, Floride

Dès que nous ouvrons les yeux, nous avons la nécessité incompréhensible de partir sur-le-champ. Il nous faut renouer avec la mer immédiatement. Autant Martin que moi, nous avons une urgence vitale de partir aussitôt. À peine réveillés, nous levons l'ancre et reprenons la mer pour notre destination prévue. Mais cette fois-ci, nous longeons la côte à moins de cinq milles. La mer est beaucoup plus calme, même qu'il manque un peu de vent pour gonfler pleinement nos voiles. Personne n'a le mal de mer. Nous discutons tous ensemble en nous faisant bercer par les vagues. Nous sommes remplis de gratitude. Les enfants sont beaux et autonomes, nous discutons de la mer d'hier. Nous réalisons le privilège que nous avons d'être en famille à vivre cette expérience unique. Nous discutons du pouvoir d'un rêve et de la persévérance nécessaire pour y arriver. Nous réalisons aussi l'obligation que nous avons de mieux préparer Calbodine et l'équipage à toute éventualité possible. La journée est tellement calme que je me demande si j'ai rêvé la veille. Quoique le son vibrant et intense reste vivement dans ma mémoire et y restera longtemps...

Une nuit noire et nuageuse tombe lourdement. Nous longeons la côte de la Floride et apercevons Cap Canaveral à l'horizon. La mer s'agite en même temps que la nuit se lève. La fusée de la NASA fièrement dressée sur la côte nous semble bien irréelle. Puis le jour se lève timidement et en même temps que le soleil s'intensifie, nous enlevons couche par couche nos vêtements chauds jusqu'à ne plus porter qu'un short et un simple chandail. Quel bonheur ! De la chaleur ! De l'eau turquoise ! La Floride ! Un esprit de fête flotte à bord de notre embarcation. Nous avons le cœur léger. Nous venons d'atteindre Cap Canaveral, le centre de la Floride. 195 milles nautiques plus loin en 30 heures, nous rejoignons fièrement nos amis sur terre. Après avoir raconté nos peurs de fond en comble et en avoir rit timidement, nous ouvrons une bouteille de champagne en l'honneur de la Floride !

« *Le plus grand voyageur n'est pas celui qui a fait dix fois le tour du monde, mais celui qui a fait une seule fois le tour de lui-même.* »

– Gandhi

CHAPITRE 5 | UN TEMPS DE PAUSE ET DE RÉTROSPECTION

4 décembre 2016 - Vero Beach, Florida

La chaleur de la Floride nous incite sans hésitation à nous poser plusieurs jours, sans même penser à bouger. Un moment de pause bien mérité s'impose. Un confort irréel après les derniers mois d'apprentissage intense et de mouvement continu.

Notre bateau copain tient à visiter le Kennedy Space Center. Nous les accompagnons avec plaisir. À notre grand étonnement, le centre et le musée sont phénoménaux. Nous savons tous qu'il y a des gens quelque part qui étudient l'espace mais à ce point, c'est une grosse surprise. L'espace, les fusées, l'univers, les étoiles, les satellites, le quotidien d'un astronaute, tout y est à grande échelle ! Nous ressortons inspirés avec un avant-goût de la vie d'un astronaute et un regard différent vers ce ciel étonnamment habité. Comble d'expérience, le lendemain, nous assistons en direct au lancement mémorable d'un satellite dans l'espace, assis tranquillement sur notre voilier. Nous l'observons un long moment bien avant de pouvoir entendre le son vibrant et puissant du mastodonte. Puis nous le voyons disparaître telle une étoile filante précédée d'une micro explosion rougeâtre.

Après la science, la magie. C'est à notre tour d'emmener nos amis vers Disney World. Un monde tout aussi fascinant mais ô combien différent ! L'imaginaire et la perfection du rêve sont au rendez-vous. À vrai dire, le matin du départ, je suis plus excitée que les enfants d'aller à Disney. Mais peu après notre arrivée, des centaines de sourires de six enfants heureux, main dans la main, émerveillés, valaient tout leur pesant d'or. Le cœur léger et le portefeuille aminci, nous revenons à notre mouillage à Vero Beach, Florida. Un endroit réputé pour la facilité de s'approvisionner avant les Bahamas où nous nous installons pour quelques jours... qui dureront quelques mois ! Comme en témoigne le surnom de la ville — « Velcro Beach » —, nous ne sommes pas les seuls à être tombés sous le charme !

Avec deux bateaux copains à l'épaule, six adultes et huit enfants qui se balancent d'un pont à l'autre, nous déjeunons, dînons, soupons en savourant le moment présent. À se raconter nos peurs, nos joies, nos rêves, nos passés et nos projets. Un délice pour tout le monde. Mais comme toute bonne chose a une fin (et fort heureusement !), nous retrouvons notre bulle quand les deux voiliers amis repartent pour les Bahamas, quelques jours plus tard. Nous décidons de rester plus longuement pour reprendre notre souffle.

Noël arrive rapidement cette année. Hé oui ! Même le lutin Tintin nous trouve à bord de Calbodine et le père Noël aussi ! Quoique très minimaliste cette année, je demande aux enfants s'ils ont tout de même aimé leur Noël à bord. Surpris de ma question, ils me répondent par l'affirmative. De toute façon, il n'y a pas de place pour des jouets à bord, me disent-ils. Donc ils n'en ont pas besoin. Ha ! Je vais m'en rappeler de celle-là ! Il faut dire qu'un temps des Fêtes sans familles élargies ni neige est quand même différent, mais aussi très spécial. Nous en profitons pour renouer avec nos enfants, jouer avec eux à la plage, faire du vélo tous les jours et être sincèrement présents. Une richesse que nous apprivoisons tranquillement.

Depuis le départ de nos amis, j'en profite pour terminer la comptabilité de compagnie, enfin. Martin fait les quelques petits ajustements notés en navigation. Je lis sur la survie en mer et m'informe sur tous les accidents possibles. Je prépare notre plan d'urgence complet ainsi que notre *grab bag*. Nous pratiquons avec les enfants un plan d'évacuation efficace et installons des crochets stratégiques pour les vestes de flottaison. Martin rend notre radeau de survie accessible en quelques secondes. Notre liste raccourcit de jour en jour. Même si nous savons qu'elle ne finit jamais réellement. Nous terminons l'approvisionnement du bateau en nourriture et en pharmacie avant de quitter le continent américain vers l'inconnu. La facilité des magasins à grande surface est inestimable. Nous passons quelques semaines à terminer de s'installer et de s'ajuster. La plupart des navigateurs passent quelques années à préparer leur bateau avant de partir. La seule différence pour nous est que nous sommes déjà partis, vivons maintenant à bord et sommes bien au chaud.

Nous terminons chaque journée avec une promenade à vélo sur la plage. Nous apprécions ce temps sans la pression de l'horloge qui pèse. Un privilège d'avoir ainsi du temps. Un luxe de ne plus se sentir autant pressés. Car pour la première fois depuis notre vie adulte, nous n'avons ni d'endroit, ni d'heure à respecter, ni de compte à rendre à personne. Nous nous sentons légers comme l'air, libres comme des enfants.

Cette pause nous ressource et nous fait un grand bien. Je me rends compte qu'une pause est primordiale au bon fonctionnement de soi-même. Nous ne pouvons pas toujours courir sans arrêt. Nous devons ralentir, nous questionner, nous arrêter un moment pour réfléchir, faire le point, revoir nos priorités. Le Yin et le Yang. Le jour et la nuit. Un équilibre entre l'action et le repos. Il faut dire que les enfants n'ont pas réellement besoin de pause. Ils sont toujours en pause. Ils ne sont jamais pressés. Ce sont nous les adultes qui leur apprennent à courir constamment. Nous les forçons à se dépêcher dès leur petite enfance. Puis nous oublions de prendre notre temps et de suivre notre propre rythme pour poursuivre notre société pressée. Nous devrions nous inspirer d'eux et de leur lenteur. Ils apprécient sans aucun doute des parents plus reposés.

Il se passe des jours complets sans aucune réception de courriel. J'ai même, à un moment donné, la bizarre impression de ne plus être importante, de ne plus faire partie de ce monde effréné. M'a-t-on oubliée ? Personne ne m'écrit plus. Je n'ai même plus de pourriel ! Mais ce serait bien futile de me valoriser avec le nombre de courriels que je reçois quotidiennement, non ? Notre connexion internet étant sporadique, nous nous désintoxiquons tranquillement de l'emprise de tous nos appareils électroniques et comptes de réseaux sociaux. Nous réalisons à quel point nous étions branchés virtuellement et réellement déconnectés de la réalité qui nous entoure et du moment présent. Maintenant, je choisis consciemment quand consulter mes réseaux sociaux et non l'inverse.

Dans un élan de folie de jeunesse, nous achetons cinq skateboards et nous nous promenons sur les bords de plage et les pistes cyclables en famille roulante. Le vent dans les cheveux, nous nous sentons vivants, rebelles et invincibles à nouveau !

Un jour, en jouant au frisbee à la marina, un homme qui descend de son embarcation nous aborde et on jase quelques minutes. Il nous invite à prendre l'apéro chez lui un peu plus tard. Hésitants, pilant sur notre ego d'hommes modernes, nous nous rendons chez lui. Après tout, n'est-ce pas un de nos buts de suivre les coïncidences ? Ce fut une rencontre ô combien agréable et sympathique. Le lendemain, nous invitons à bord ces nouveaux amis avec leurs voisins immédiats. Soupers, brunchs et apéros s'en suivent. Les journées deviennent des semaines qui deviennent des mois en leur compagnie. Ils nous aident à ralentir, à apprécier réellement ce que nous avons et à prendre une pause. À entreprendre une réflexion profonde sur le pourquoi nous sommes ici, qui nous sommes réellement et ce que nous voulons. Tous les jours, nous nous retrouvons entre filles pour faire du yoga tandis que les hommes rénovent une salle de bain dans chaque maison.

Trois familles, une amitié profonde née d'une simple coïncidence que nous avons explorée. Nous apprenons doucement à ouvrir nos yeux à ces occasions de la vie, à suivre nos instincts et à ouvrir notre cœur aux autres, sans jugement. Nous essayons de suivre de plus en plus cette petite voix qui nous dirige vers le bon chemin mais que nous essayons trop souvent de taire par la raison. Peut-être parce que nous nous sentons trop importants, occupés ou que nous avons peur de voir où cela pourrait nous amener. Pas facile de laisser aller ce contrôle si bien assimilé depuis notre enfance! Les enfants sont naturellement capables de suivre cet instinct. Ils sont calmes et nous nous inspirons d'eux continuellement pour retrouver cette spontanéité perdue.

> *« Le congé habituel du temps des Fêtes de l'école se termine et me plonge dans une réflexion profonde. Je me questionne sur mon devoir de bien éduquer nos enfants, comme nous l'ont appris nos parents. Un modèle disciplinaire et contrôlé bien ancré dans nos corps et âme. Et si je voulais faire différemment? Et s'il y avait plusieurs bonnes méthodes? Et si l'apprentissage par la créativité surpassait la compétition, la pression? Et si je laissais aller mon contrôle pour découvrir de nouvelles façons, peut-être même plus efficaces, plus créatives, plus respectueuses de la personnalité de chacun de nos enfants? Et si je m'ouvrais à leur personne, à leur caractère, à leurs envies? Peut-être que nous pourrions nous comprendre un peu plus, nous parler un peu plus, nous écouter un peu plus...*
>
> *Je me rends compte que la société est bien imprégnée en moi. Que trouver mon propre rythme demande du temps, de l'effort et est beaucoup plus difficile que je l'imaginais. Vivre selon nos propres valeurs profondes, nos propres passions demande une prise de conscience réelle et*

bien consciente. D'ailleurs, quelles sont mes valeurs ? Ne faut-il pas encore s'arrêter et se questionner ?

Nous passons notre vie entière à courir, parfois à contre-courant, parfois dans une direction qui n'est pas la nôtre. La vie va si vite, le temps file toujours trop vite. Mais n'est-ce pas nous qui occupons trop ce temps ? Qui remplit chaque seconde de chaque minute ? Je me sens encore coupable de jouer au Monopoly ou au Battleship avec mes enfants durant l'avant-midi. Ne devrais-je pas être en train de travailler ?

Le temps est si éphémère, impossible à posséder. Peut-être étions-nous trop occupés par des choses futiles, sans importance pour ne pas avoir à affronter ces véritables questions. Qui suis-je ? Qu'est-ce que je veux ? Pour moi, pour mon couple, pour mes enfants, pour ma famille. Suis-je heureuse ? Ai-je peur d'être heureuse ? Peur d'être différente ? Peur d'être moi-même ? N'est-elle pas là la beauté de ce monde, à travers toutes nos différences ?

Nul besoin d'aller à l'autre bout du monde pour se retrouver face à soi-même. C'est bien épeurant de se retrouver ainsi, fragile et face à toutes ces questions. Je me sens vulnérable comme un enfant nu, perdu au milieu d'une foule. Le chemin pour un bonheur sincère, une paix intérieure, un calme serein et inébranlable est long et sinueux. Mais le détour en vaut l'effort. La libération est exponentielle. »

C'est dans cet état d'esprit et dans ce cheminement personnel que nous accueillons ma mère et sa sœur en visite à bord. Je crois que le timing n'est pas idéal pour les accueillir. Nous sommes encore vivement dans ce processus de laisser-aller et dans la recherche du « qui suis-je ? ». Nous ne sommes pas du tout disposés à recevoir ma source de questionnement dans 350 pieds carrés pour 7 personnes sans accès à la terre. Bref, nous avons quand même eu du plaisir. Les enfants adorent jouer aux musiciens avec grand-maman et sa sœur. Je sais que nous n'avons pas été les meilleurs hôtes pour ce séjour... Nous étions trop à vif. Un peu comme si l'on marchait hâtivement après de multiples brûlures sous les pieds. On se reprendra.

Le matin de leur départ, un couple d'amis du Québec nous rejoint en caravane à la marina juste à temps pour la fête de Martin. Une belle fête de 16 personnes à bord de Calbodine ! Moi qui pensais que les soupers étaient toujours chez nous car nous avions une grande maison ! Il faut croire que j'aime recevoir ! Nous passons les deux semaines suivantes à profiter de la Floride avec nos amis de longue date en discutant sans arrêt. La visite de ma sœur pendant trois jours, avec laquelle nous avions six mois de conversation à rattraper, vient clôturer notre séjour à Vero Beach.

7 mars 2017 - Vero Beach, Florida

Après trois merveilleux mois passés là, nous rendons grâce à cet endroit surnommé à juste titre Velcro Beach. Nous sentons maintenant le temps pour nous d'aller explorer de nouveaux horizons, loin de la société de consommation telle que nous la connaissons. Nous avons assimilé nos apprentissages de navigation. Nous sommes maintenant prêts, du moins nous le croyons, à quitter le continent américain et poursuivre notre courbe d'apprentissage. Nous nous sentons comme sur un sommet vertigineux où il faut sauter à nouveau dans l'inconnu, dans un nouvel environnement, afin de continuer notre évolution. C'est intriguant, épeurant mais attirant... Nous devons laisser notre milieu connu, rassurant et familier de l'Amérique du Nord. Nous devons une fois de plus agrandir cette zone de confort devenue confortable. Nous avons maintenant une meilleure idée de l'itinéraire à suivre et des pays que l'on veut visiter. C'est avec des feux d'artifices que nos copains américains nous saluent avant de larguer les amarres pour poursuivre notre route, le cœur gros. Nous avons un léger stress en levant l'ancre après trois mois sédentaires. Heureusement, cette crainte s'évapore quelques milles nautiques plus loin.

Au moins, nous avons une nouvelle mission. Celle de faire une visite éclair et surprise à la sœur de Martin et sa famille, à Fort Lauderdale. Ils sont en séjour chez les parents de Martin pour la semaine de relâche. Là où tout a commencé pour nous un an plus tôt. Même porte même heure. Mais cette fois-ci, nous les rejoignons sur notre voilier ! Quelle fierté ! Un bonheur presque irréel de se retrouver au même endroit, un an plus tard, sur notre embarcation, grâce à un rêve puissant que nous avons passionnément poursuivi.

Nous empruntons la mer de West Palm Beach à Fort Lauderdale. Nous avons du succès à pêcher deux beaux thons. À bord de Calbodine, nous accueillons la belle-famille pour partager un bon repas frais. Nous sommes tout près de la marina Las Olas, là où notre rêve s'est réveillé l'année précédente. Un réel plaisir pour tout le monde. Ce soir-là, les enfants sanglotent. Les au revoir sont difficiles.

Puis nous nous rendons à No Name Harbor, juste au sud de Miami, dans l'attente d'une météo favorable pour traverser le fameux Gulf Stream jusqu'aux Bahamas. Nous accueillons mes beaux-parents une dernière fois avec la tante et l'oncle de Martin pour un dernier lunch à bord. Après quelques visites ensemble, nous n'y croyons presque plus, ma belle-mère et moi, à ce fameux départ vers l'inconnu !

Dernière tournée à l'épicerie, à la pharmacie, à la quincaillerie. Nous sommes prêts. Nous sommes excités. Nous avons hâte de vivre la vraie aventure à la voile dans les Caraïbes. Nous avons hâte de traverser ce fameux courant légendaire pour se rendre dans l'eau idyllique, mystique, turquoise, chaude et transparente des Bahamas.

« Être heureux ne signifie pas que tout est parfait. Cela signifie que vous avez décidé de regarder au-delà des imperfections. »

– Aristote

CHAPITRE 6 | L'EXTASE

21 mars 2017 — Miami, Floride

0500, le réveil sonne. À vrai dire, nous sommes déjà réveillés. Nous n'avons pas très bien dormi, ni l'un ni l'autre, à cause de l'appréhension. L'ancre est levée et j'ai une boule dans la gorge. J'ai du mal à avaler. Nous nous apprêtons à traverser ce légendaire Gulf Stream[10]. Nous savons que ce courant peut devenir un cauchemar par mauvais temps. Juste à en parler entre nous, on a la chair de poule. Mais la météo annoncée est belle et calme pour quelques jours consécutifs. Nous devons y aller, sauter les deux pieds joints, sinon nous resterons sur le continent à jamais. Nous devons sortir de notre zone de confort, une fois de plus, pour aller vers l'inconnu. Même à bord de Calbodine, il serait facile de ne plus oser, de rester dans nos pantoufles, de rester là où nous sommes, dans une jolie baie sécuritaire ou une belle marina pas trop chère. Nous cherchons encore à grandir, à explorer, à évoluer.

---

[10] Le Gulf Stream est un courant du sud au nord avec une vitesse moyenne de 4,8 nœuds. Par mauvais temps et vents contraires, les conditions météorologiques peuvent se détériorer rapidement et la navigation devenir difficile, voire dangereuse.

Nous nous éloignons de la côte sécurisante. Nous jetons fréquemment un coup d'œil derrière nous. La côte rassurante disparaît doucement, nous laissant dans un état nouveau. L'immensité de la mer nous enveloppe d'une liberté surprenante. Nous avons l'impression de laisser une vie bien connue derrière nous pour un nouveau commencement, encore inconnu. Une mystérieuse transformation prend forme. Nous réalisons au plus profond de notre être que nous sommes les capitaines de notre propre vie.

Les enfants se lèvent tranquillement avec le soleil. Ils nous rejoignent dehors. Ils adorent ne voir que de l'eau à l'horizon. Ils ne sont aucunement inquiets. La mer est d'un bleu royal, intense et profond. Il y a beaucoup d'eau sous notre quille. Il existe tout un monde inexploré et vivant qui bouge sous nos pieds sans que nous ne puissions rien y voir. Nous sommes seuls à l'horizon. Seuls dans cette immensité d'eau à perte de vue. Nous sentons le courant du Gulf Stream nous propulser vers le nord et ajustons notre direction. La météo est parfaite. Il y a très peu de vagues. Même qu'il n'y a pas assez de vent. Nous sommes tellement prudents que maintenant, nous devons mettre le moteur pour avancer ! Avec la taille de notre voilier, nous avons besoin d'un minimum de 15 à 20 nœuds de vents pour avoir une belle vitesse de croisière. Nous rigolons de nous-mêmes, en nous qualifiant de matelots d'eau douce.

1000, nous lançons une bouteille à la mer remplie d'amour, d'espoir et de petits mots. Nous imaginons notre bouteille parcourir l'océan entier pour aboutir dans le Grand Nord, en Europe, en Afrique, ou revenir par les courants marins jusqu'en Amérique du sud. Nous imaginons une personne repêcher notre bouteille dans quelques années et essayer de décoder nos messages écrits en français. Les enfants rêvent maintenant d'en repêcher une eux-mêmes, remplie de messages. Mieux, chargée d'une carte aux trésors !

Encore une fois, nous nous imaginons dans la peau des premiers explorateurs à bord de leurs énormes bateaux en bois, sans cartes ni GPS. N'ayant que le ciel étoilé et le soleil pour les guider, sans savoir ce qui se trouvait devant. Il en fallait du courage...

1200, nous apercevons nos premiers palmiers bahamiens. Plus nous approchons de la côte, plus l'eau se transforme en une gamme de bleus indescriptibles. Les superlatifs manquent pour décrire les tons irréels et paradisiaques. Walace et moi, au-devant de Calbodine, sommes sans mot. Puis nous crions à Nelson et Betsy de venir admirer cette eau devenue transparente.

Je hurle à Martin à chaque demi-minute pour vérifier la profondeur. À 80 pieds d'eau sous la quille, nous pouvons clairement distinguer les ondulations du sable au fond de la mer et les quelques brindilles d'algues qui dansent avec le courant. Nous avons l'impression de flotter dans l'air à travers rochers, poissons, coraux et sable blanc. Je me demande maintenant pourquoi nous avons attendu aussi longtemps avant de traverser vers ce paradis aquatique.

Nous ancrons dans une petite baie aux îles de Biminis où nous nous dépêchons de remplir la documentation requise aux douanes afin d'explorer l'île et ses plages. Pour entrer légalement dans un nouveau pays, nous devons fournir le document officiel de sortie du pays précédant. Parfois, ces formalités ne prennent que quelques minutes, d'autres fois, ces mêmes démarches prennent des heures. Ici, tout se règle en quelques instants et rapidement nous pouvons déjà admirer une multitude de poissons multicolores, raies, requins, étoiles de mer et oursins juste là, sous notre dinghy. Nous sommes tous les cinq en extase devant cette eau phénoménale. Elle est aussi claire, chaude et vivante qu'un aquarium d'eau salée gigantesque. Ce soir-là, nous n'osons pas aller nous baigner à partir du bateau par peur des requins.

Nous nous habituons tranquillement au rythme de vie lent des Bahamiens. Un peu désorientés en arrivant, nous ne savons pas encore si nous pouvons leur faire confiance, si nous devons être méfiants ou généreux. Il s'avère que le peuple est d'une gentillesse incomparable, surtout sur les petites îles peu visitées où le tourisme est moins abondant. Nous sommes chaleureusement accueillis dans la plupart des endroits sans nous sentir en danger ni attaqués. Les Bahamiens parlent leur dialecte, un mélange de créole et d'anglais. Aussi, ils connaissent presque tous l'anglais. Les plages sont à couper le souffle et nous découvrons enfin le délicieux rhum coco bahamien.

À la recherche d'endroits isolés, nous continuons rapidement notre progression en direction des Exumas. Sachant qu'il y a environ 700 îles dans les Bahamas, dont plusieurs non habitées, nous nous concentrons sur cet archipel car nous savons que nous ne pourrons pas explorer toutes les îles durant ce voyage. 1300, nous sommes prêts à partir de notre mouillage. Nous sommes dans une petite baie, au fond d'un canal creusé par l'homme. Alors que je m'apprêtais à hisser les voiles avant de lever l'ancre, une peur incontrôlée monte dans mes veines et me paralyse. Une peur de ne pas connaître assez mon bateau, d'être confinée dans cette petite baie, de ne pas encore maîtriser mon voilier. Ici, je m'en veux de ne pas avoir fait de régates avant notre départ. Cette grande dame blanche m'intimide encore et me donne une frousse terrible et complètement déraisonnée. Il me faut l'affronter. Martin me pousse et m'encourage. Nous levons les voiles, grande voile incluse et dirigeons Calbodine dans le canal. Nous rejoignons la mer accompagnés de 20 nœuds de vent, fiers et jubilants. Nous avons réussi à sortir de ce mouillage avec nos voiles seulement. Je crie d'euphorie dans le vent !

Comme nous ne voulons pas franchir le canal à la noirceur, nous allons nous installer juste à l'entrée de notre navigation du lendemain. Nous y passerons la nuit afin d'être prêts à partir tôt le lendemain matin. Nous ancrons derrière une minuscule île désertique et, derrière nous, le vaste océan Atlantique nous offre un horizon à perte de vue. Au moins, si l'ancre chasse, nous dériverons pendant des heures et des heures sans rien heurter !

Mais il est encore tôt et nous voulons faire notre première sortie en apnée avant le souper. Dans le dinghy, c'est un méchant bordel avec nous cinq, chacun nos masques, palmes et tubas dans un gros sac encombrant. Aussi la *sling* hawaïenne, le filet de pêche, un sac de lunch au cas où quelqu'un aurait faim dans l'heure qui suit, de l'eau douce, de la crème solaire, le tout pêle-mêle et empilé au milieu du dinghy à travers nos dix jambes.

Le plus drôle est qu'une fois éloignés à une trentaine de pieds de la berge, personne n'ose plonger. Nous avons tous une frousse paralysante des requins. Nous hésitons et nous nous défions entre nous. Martin, le plus brave de nous cinq, saute à l'eau le premier. Peu rassuré, il part à la pêche tout près du dinghy. Une fois « tombée » dans l'eau, je mets mon masque et le spectacle grandiose me fait oublier partiellement ces bêtes mystiques. Je nage avec une main pas trop loin du dinghy. Walace ose venir nous rejoindre, un peu sur ses gardes mais il y prend rapidement un plaisir démesuré. Betsy vient également mais décide d'ignorer complètement le fond marin et se baigne la tête hors de l'eau comme dans une piscine. Nelson, après deux essais, remonte aussi vite à bord. Il nous assure qu'il n'a pas beaucoup le goût de nager et préfère relaxer au soleil. Nous n'avons pas le choix d'en rire une fois revenus au bateau. Méchante gang de terriens !

Cette nuit-là, extrêment vulnérables aux intempéries, nous ne dormons que légèrement. Le lendemain matin, 0600, nous rejoignons les Berry Islands par le Grand Bahama Bank. L'eau est bleu poudre, avec une profondeur continue entre 12 et 15 pieds. La traversée est entrecoupée de petits poissons pêchés, de vagues courtes et rapprochées et de vents favorables. D'énormes cumulonimbus se forment en début de soirée et nous donnent un spectacle époustouflant. Un orage isolé nous fait pratiquer notre prise de ris[11] et nous offre des couleurs de rouge, orangé et violacé à travers de hauts nuages voulant toucher l'espace. Nous avons juste le

----

[11] La prise de ris consiste à réduire la surface d'une voile en la repliant en partie : l'objectif est d'adapter la surface de la voilure à la force du vent lorsque celui-ci forcit.

temps d'arriver avant la noirceur totale. Nous ancrons, soupons rapidement et rangeons superficiellement le bateau. Après 80 milles nautiques en 12 heures et quart de navigation, nous nous assoyons dans le cockpit en même temps que se lèvent des milliers d'étoiles. Le mouvement continu de l'eau nous berce doucement. Nous sommes comme dans un rêve, dans notre rêve devenu réalité. Quelle soirée mémorable !

Nous partons le lendemain matin en direction de Nassau, New Providence. Un passage qui se déroulera à merveille. Il y a par endroit 8000 à 9000 pieds d'eau sous la quille. Nous nous amusons à imaginer la vie sous-marine possible, vaste, mystérieuse et pratiquement encore inconnue à l'homme. Les enfants sont très créatifs avec leurs créatures loufoques qui existent peut-être au plus profond des eaux. Qui sait ?

Nassau est pour nous un arrêt expéditif d'une soirée afin de se ravitailler en eau, en gaz et en diesel. Nous n'avions pas vraiment envie de cette grande attraction touristique. Quoique nous ferons une petite visite en fin de soirée à l'aquarium grandiose de l'hôtel Atlantis. Les Américains ont réussi, encore une fois, à nous en mettre plein la vue.

Nous repartons le lendemain matin en direction d'Highborn Cay, Exumas. Cette réputée chaîne d'îles et îlots peu habités que l'on voit dans les revues de voyage et dans les magazines de voile. Cette eau aux multiples tons de turquoise où le bateau semble flotter dans l'air tellement elle est claire. Cette fameuse chaîne d'îles qui me faisait tant rêver un an plus tôt, assise dans mon salon en plein hiver froid québécois. Nous y serons demain. En chair et en os. J'ai peine à y croire !

« Quand je suis allé à l'école, ils m'ont demandé ce que je voulais être quand je serais grand. J'ai écrit "heureux". Ils m'ont dit que je n'avais pas compris la question. J'ai répondu qu'ils n'avaient pas compris la vie. »

– John Lennon

CHAPITRE 7 | L'ÉCOLE DE LA VIE

29 mars 2017 —Highborn Cay, Exumas

Nous voilà tout juste arrivés dans les Exumas, spécifiquement à Highborn Cay. C'est une des îles les plus au nord de cette chaîne paradisiaque. D'ici, nous pouvons naviguer facilement entre les îles en une journée. L'eau est impeccable, incroyable, irréelle. Toute la gamme de tons de bleu, de turquoise jusqu'au vert se retrouve miraculeusement dans cette eau pourtant transparente. Nos yeux se régalent de cette beauté contrastant avec le fin sable blanc. Nous sommes époustouflés de cette splendeur pure, simple et pourtant si puissante. On dirait un fond d'écran d'ordinateur, grandeur réelle.

Nous explorons quelques îles de cette région magnifique, presque inhabitées et non exploitées, mis à part pour la pêche aux langoustes. Nous nous arrêtons pour quelques jours à Shroud Cay où un réseau de rivières et ruisseaux internes s'entrecroisent à travers l'île. Nous passons une journée mémorable dans ce labyrinthe naturel d'eau chaude translucide. Nous flottons doucement au rythme de la marée parmi quelques poissons et tortues. L'eau est impeccable et suprêmement chaude. Nous passons la journée entière à patauger sans grelotter un soupçon. Nous sommes en extase devant la beauté sublime de l'endroit.

Contre toute attente, il n'y a pas de fruits exotiques ni de légumes locaux, à part quelques tomates, plantains, carottes, patates et noix de coco. Les gens ne cultivent que très peu. Quelques-uns vivent de la pêche. Il n'y a que de très rares épiceries et les denrées sont à un prix exorbitant. Nous sommes bien heureux d'avoir fait nos provisions à long terme avant d'arriver ici. Nous explorons les plages et gagnons de la confiance à nager dans cette eau trop chaude pour être réelle. Les enfants sont plus rassurés de partir de la plage. Moi aussi d'ailleurs ! C'est beaucoup moins intimidant que de sauter dans le vide à partir du dinghy.

Rendus à Warderick Well, nous rencontrons une famille sympathique et nous passons quelques jours agréables en leur compagnie. Sur cette île, il y a une randonnée sur le thème d'une légende de marin. Chaque navigateur doit offrir un morceau de son navire avec le nom de celui-ci afin de calmer les esprits d'anciens marins noyés et de continuer une navigation sans soucis. Nous préparons donc une offrande faite à partir d'un morceau de bois de notre bateau portant l'inscription de Calbodine. Une fois au sommet de la colline, nous déposons notre offrande à Bou Bou Hill pour ne pas énerver les fantômes du secteur. Cela devrait nous assurer une continuation sans embûche. Puis nous allons à la plage nous baigner et nous reposer. Les enfants jouent dans l'eau. Martin et moi discutons sur le sable.

Tout à coup, Nelson, qui est dans l'eau à quelques dizaines de pieds de nous, se met à hurler. Un hurlement de détresse qui me glace le sang dans les veines. Puis, vient aussitôt le hurlement de Betsy et Walace qui me crie : « MAMAN ! Il y a beaucoup de sang ! », avec une inquiétude grandissante dans leur petite voix. Rapidement, je cours vers eux. Stupéfaite, il y a vraiment beaucoup trop de sang dans l'eau. En l'espace de quelques secondes, je prends Nelson qui baigne dans l'eau rouge et nous sortons précipitamment tous les quatre de l'eau avec une image claire de requin en tête.

Martin, jamais trop convaincu de la gravité des bobos d'enfants, se lève d'un bond en voyant le sang gicler par jet du petit pied de Nelson. Rapidement, j'enlève ma robe et l'utilise pour compresser la coupure de Nelson. Des idées défilent dans ma tête à cent mille à l'heure. L'hôpital le plus près se trouve aux États-Unis. Nous sommes à deux jours de voile de l'aéroport le plus proche. Est-ce que c'est Martin ou moi qui partirait ? Et qui resterait seul au bateau ? Il ne faut surtout pas que sa blessure s'infecte, mais j'ai des antibiotiques. Et s'il fallait des points de suture ? Qu'est-ce que je lui donne pour soulager la douleur instantanément ? Et s'il s'était coupé des muscles ou des tendons ? A-t-on des muscles sous le pied ? Martin prend vite Nelson et nous retournons en flèche au bateau. Deux Bahamiens ayant probablement entendu le cri des enfants sortent d'une petite cabane en bois pour offrir un sac de Skittles à Nelson. C'est fou comment un sac de bonbons peut réduire subitement les cris de détresse et engourdir momentanément la douleur !

Une fois à bord de Calbodine et les bonbons engloutis, nous découvrons une belle coupure franche et profonde que nous nettoyons et stérilisons à fond pour empêcher l'infection. Martin injecte de l'eau stérile avec une seringue et coupe à vif la portion blanche qui ressort de la coupure. Le hurlement de Nelson me fait monter les larmes aux yeux tandis que Walace et Betsy disparaissent instantanément au fond de leur cabine. Je serre les dents et réconforte Nelson du mieux que je peux. Je me dis que je suis avec la meilleure personne pour faire preuve de sang-froid s'il fallait qu'un accident grave se produise. Martin n'ayant aucune hésitation à ouvrir et nettoyer la plaie malgré les cris perçants de son propre enfant. L'instinct de survie étant fort, j'ose croire que j'aurais fait pareil si Martin avait été gravement blessé... Une fois la blessure pansée et Nelson calmé, j'ai un léger mal de cœur et les jambes lourdes.

Nelson a de la douleur franche pendant quelques jours et nous lui donnons des médicaments pour l'atténuer. Il s'en tirera très bien avec seulement pour conséquence un empêchement ferme de se baigner et de marcher pendant 2 semaines. Pas question de risquer l'infection à l'endroit où nous sommes, loin de tout hôpital et des secours. Nettoyé quotidiennement, son pied guérit vite et bien. Depuis, nous apportons toujours AVEC nous une trousse de premiers soins.

Les îles sont tellement belles, calmes et sauvages. C'est encore mieux que dans mon imagination et j'aurais bien aimé y rester quelques semaines de plus. Nous profitons encore un peu de cet endroit sublime et préparons notre descente vers le fameux « Chicken Harbor » de Georgetown. Il nous reste beaucoup de chemin à parcourir et nous voulons sortir de la zone des ouragans avant le 1er juin.

5 avril 2017 —Warderick Cay, Exuma

Nous coupons le passage en deux car le trajet est trop long pour partir et arriver à la clarté. Les hauts fonds, les nombreux rochers, les mauvaises conditions et/ou positions des bouées (voire parfois l'absence de celles-ci) nous astreignent à la navigation de jour depuis les États-Unis.

Quelques heures après notre départ, les cannes à pêche toujours à la traîne, nous manquons deux énormes poissons qui coupent le fil de leurs dents de scie. Nous qui, auparavant, étions super excités avec une truite de 12 pouces ! Ajustement nécessaire et nouvel apprentissage pour la pêche en mer. Un autre poisson mord. Cette fois-là, je mets Calbodine à la cape pour réduire la tension tandis que Martin s'occupe de la canne. Silence de plomb à bord. Personne n'ose plus dire un mot ni bouger de peur que celui-ci ne s'échappe encore une fois. Patiemment, Martin nous rapporte notre premier mahi mahi de 33 pouces. C'est l'euphorie ! Mais quel poisson magnifique ! Ses couleurs sont resplendissantes, entre le vert et le bleu vif, le jaune et le doré reluisant. C'est de loin le poisson le plus beau que nous ayons jamais vu. Nous le surnommons le « soleil » et parlons ainsi de lui pendant les parties de pêche futures. Une fois la mer remerciée, nous le dégustons à chaque repas pendant près d'une semaine avec une reconnaissance inégalée.

Nous arrivons à mi-chemin en fin d'après-midi, soit au Dottam Cut. Nous nous dirigeons sur le plateau à travers un canal naturel, derrière une chaîne d'îles protégées de la mer. Le lendemain matin, 0700, nous levons l'ancre pour rejoindre Georgetown. Plus nous nous approchons de l'entrée du canal, plus il nous semble voir du mouvement dans l'étroite passe. Nous fronçons les sourcils. Martin et moi essayons d'en distinguer la raison. Hummmm, on dirait que ça brasse un peu devant. Sans trop se méfier ni chercher à comprendre, nous continuons d'avancer tout bonnement. Quand nous comprenons finalement ce qui se passe, il est trop tard. Nous ne pouvons plus rebrousser chemin. Nous nous retrouvons en plein milieu d'un énorme rapide créé par la marée descendante. Toute l'eau du plateau ressort dans ce mini canal naturel vers la mer. Maintenant impossible de changer de direction ! Martin maintient Calbodine au milieu des vagues de 6 à 8 pieds, très courtes et rapprochées avec un fort courant descendant. Nous subissons l'effet de marée en pleine action.

Les yeux rivés devant, la bouche grande ouverte pendant plusieurs longues minutes qui semblent des heures, incapables de parler, nous laissons notre voilier suivre sa course comme un bouchon de liège flottant sur une rivière. J'ai les jambes molles et les mains moites, Martin aussi. Dans ces montagnes russes naturelles, les enfants crient de joie, insouciants, en regardant l'eau passer dans les hublots. Il aurait été impossible, voire très dangereux, d'essayer de rebrousser chemin. Méchante leçon apprise : se méfier de ces canaux étroits et de la marée ! Un moment de sensation forte et intense à ne pas refaire de sitôt.

Une fois sortis de cette rivière étonnante, avec le soleil rayonnant dans un ciel bleu pur et les deux voiles gonflées de vent, nous savourons une journée de voile parfaite. 1714, ce fameux Georgetown nous accueille avec plusieurs dauphins. J'ai hâte de découvrir cet endroit qui devient pour beaucoup de navigateurs le point de rencontre pendant tout l'hiver.

C'est drôle comme l'imagination nous porte à se créer une vision des endroits inconnus et qu'une fois sur place, la déception est palpable. Le contraire est plutôt rare. Je me dis d'arrêter d'espérer, d'arrêter de me faire une idée préconçue des endroits que je veux visiter pour me laisser surprendre une fois arrivée. La découverte et l'exploration sont beaucoup plus tentantes et excitantes. Ainsi, j'aurais de belles surprises et moins de déception à cause de mon imagination.

Une fois sur l'île, nous cherchons le centre-ville de Georgetown qui est inexistant. La ville est très petite et désordonnée. Il n'y a que quelques maisons, une épicerie, un mini marché et quelques commerces locaux. Ce sont plutôt les navigateurs qui se rassemblent ici qui en font une belle destination. Ceux-ci ont créé toute une communauté, incluant des activités, des événements, une radio matinale avec des annonces communautaires et un système d'entraide entre marins. La situation géographique protège les navires des vents de toutes les directions et en fait une destination prisée pendant l'hiver. Nous ne sommes pas fervents des endroits trop populaires mais l'eau reste exceptionnelle et tant qu'à passer l'hiver sous la neige, c'est quand même très beau ici. Le quotidien hivernal sous ce soleil chaleureux est beaucoup plus facile et plaisant que dans notre Québec natal.

Nous essayons de pêcher nos soupers mais le poisson se fait rare dans la baie, sauf pour ce requin nourrice long de six pieds que nous avons dû maladroitement relâcher. Il faut aller en mer pour la pêche. Au moins, nous pratiquons la chasse aux noix de coco juteuses et Martin peaufine sa technique d'escalade dans les palmiers.

Lors une journée de lavage, après avoir marché plusieurs kilomètres avec nos sacs de linge sale qui pue remplis à ras bord et Nelson dans le dos à cause de son petit pied, le Laundromat est fermé. Encore ! La dame qui s'en occupe a dû quitter pour la journée. Nous nous ajustons à cette réalité de mieux en mieux, retournant au bateau en haussant les épaules sans plus se fâcher. En chemin, nous arrêtons acheter quelques fruits et légumes au marché. Les pommes coûtent un dollar chacune et les oranges aussi. Nous prenons ce qu'il reste de carottes, oignons, limes et bananes. Le marché est presque vide. Le bateau d'approvisionnement n'est pas passé cette semaine. Ça ira à la semaine prochaine. Mais qu'est-ce qu'on est gâtés pourris au Canada avec nos fraises à l'année ! Nous trouvons même le moyen de critiquer leur couleur !

Nous continuons l'école pour les enfants sous forme de thématique. Cette méthode nous plaît mieux et nous convient à tous. C'est beaucoup plus facile d'avoir une routine scolaire lorsque nous sommes stables. En navigation, nous sommes bien souvent dehors, Martin et moi, accompagnés la plupart du temps de Walace. Nous savourons chaque particule d'air pur. Nous voulons tous assister à ce spectacle grandiose de la mer. Et nous avons tant à apprendre nous-mêmes !

Mais, tant qu'à dire la vérité, nous n'aimons pas vraiment faire l'école traditionnelle, ni un ni l'autre. Assis, avec des livres et un crayon, ce n'est pas naturel pour moi d'enseigner. Quant à Martin, il fait tout pour éviter de descendre dans la cabine durant les périodes d'école. Curieusement, il trouve toujours quelque chose à réparer pendant ce temps. Walace est psychologiquement conditionné à contredire tout ce qui a trait à l'apprentissage scolaire. Je me demande s'il a pu être autant traumatisé et découragé en si peu de temps à l'école. Je pense à l'hypnose dès que nous arriverons en milieu francophone. Betsy s'amuse avec mes activités mais dès que l'apprentissage est nouveau et difficile, elle s'oppose en pleurant. Nelson est encore jeune mais imite très bien sa fratrie.

Quand ça va bien, tout va bien. Quand un enfant pleure, personne ne veut faire de l'école. Il faut bien avouer que ce n'est pas notre point fort. Mais nous essayons de notre mieux. Et vu que l'apprentissage de la vie en bateau est grandiose, je ne m'inquiète pas pour le moment. Je me dis que s'ils veulent être médecin, ils pourront étudier quand le temps viendra. Ils sont encore si jeunes. Même que dans certains pays, l'école obligatoire commence à 9 ans. Leur estime personnelle, leur confiance, leur créativité, leur passion de tout savoir comment ça marche, leur habilité à être autonome et à penser par eux-mêmes, leur goût d'apprendre (tout sauf les mathématiques sur papier et le français écrit) augmentent de jour en jour. Et ça, ça ne s'apprend pas encore à l'école !

Ici, j'en profite pour faire le ménage de mes livres de recettes. Eh oui, je les avais amenés pour transcrire mes classiques dans une petite boîte. Le genre de tri que nous n'avons jamais le temps de faire dans la vie normale. Au bonheur de tous les bedons, j'ai une envie irrésistible d'en essayer plusieurs.

Le soir, nous continuons nos lectures portant sur la navigation, les poissons comestibles ou dangereux, les signes de la mer et de la météo et nous observons nos apprentissages les jours suivants. Quand je veux me reposer le cerveau, je lis des récits de navigateurs. C'est un peu moins technique. Martin s'informe et apprend avec d'autres navigateurs comment fonctionne notre fameuse radio amateur : un système de communication radio existant depuis des décennies qui relie le monde entier sur les hautes fréquences. Car à partir d'ici, internet ne sera plus autant accessible pour obtenir notre météo. Nous sommes maintenant au pied du mur pour en connaître son fonctionnement. Disons que Martin aime ça autant que j'aime la couture... Mais contrairement à la couture (que Martin fait d'ailleurs), nous avons maintenant l'obligation de maîtriser cet outil de communication. Une fois qu'il réussit à la faire fonctionner, il rayonne comme un gamin qui vient de gagner un sac de billes à l'époque !

Nous profitons de ce petit arrêt, météo oblige, pour affiner notre bateau, le nettoyer, le réparer et faire de la prévention afin d'éviter les bris au mauvais moment. Et croyez-moi, il y a toujours quelque chose à réparer ou à changer sur un voilier ! Aussi, nous nous exerçons à ralentir, à respecter le rythme de chacun, à parler doucement, à s'écouter et à apprécier pleinement ce que nous sommes et ce que nous avons.

L'été arrive bientôt en même temps que la saison des ouragans. Plusieurs navigateurs sont déjà partis. Les derniers planifient leur remontée vers le Nord. Nous sommes contents de pouvoir rester ici quelques jours de plus et de continuer notre trajectoire vers le Sud. Quel plaisir d'avoir la chance d'apprécier le moment présent, la beauté de ce monde et de se sentir aussi libres ! Nous devons tout de même penser à partir. D'abord, pour nos assurances qui ne nous couvrent plus durant la période des ouragans dans cette région, mais surtout pour notre conscience personnelle et notre sécurité. Nous n'avons aucune envie de vivre ce cauchemar de vent terrible qu'un ouragan peut apporter.

Il est temps pour nous aussi de nous mettre à l'abri. Nous devons maintenant affronter ce qui se trouve au-delà de ce port sécuritaire, ce fameux « Chicken Harbor » où nous nous trouvons ! La curiosité est plus grande que la nervosité. Ça ne peut qu'être un bon signe.

« *La folie, c'est de faire toujours la même chose et de s'attendre à un résultat différent.* »

– Albert Einstein

CHAPITRE 8 | LA VRAIE AVENTURE COMMENCE

24 avril 2017 - Georgetown, Bahamas.

Après 18 jours de repos, d'école à la maison, de petits travaux ici et là, il est grand temps de partir explorer et emprunter des chemins moins populaires. Surtout que la météo est favorable pour plusieurs jours consécutifs. Nous avons même eu le temps, durant cette escale, de changer nos plans de navigation pour emprunter le Windward Passage et naviguer au sud d'Hispaniola au lieu d'aller au nord et d'emprunter le passage légendaire de Mona Lisa. Quelques navigateurs téméraires nous suggéraient de nous rendre à Haïti par le sud en s'arrêtant à l'île à Vache pour un dépaysement total et une richesse culturelle difficile à retrouver ailleurs. Nous sommes curieux et toujours à la recherche de ce dépaysement en voyage donc nous n'hésitons pas.

Nous sommes énervés et fébriles de partir vers un chemin hostile avec très peu de mouillages ni d'arrêts possibles pendant plusieurs jours d'affilée. Nerveux aussi de dépasser ce « Chicken Harbor », un défi dont plusieurs nous croyaient incapables lors de nos débuts. Nous adorons pousser nos limites, constamment. Nous nous préparons pour une navigation de deux à cinq jours (et nuits) consécutifs. La vraie aventure !

« Nos arrivées et nos départs commencent à moins me stresser. Cette boule à la gorge au moment de lever l'ancre est de plus en plus petite, voire quelques fois inexistante. Juste un pincement d'adrénaline. Nous prenons le tempo peu à peu. Un début de pied marin s'installe quoiqu'il nous reste encore tant à apprendre. Nous connaissons de mieux en mieux notre voilier.

Après huit mois de vie à bord et plus de 2000 milles nautiques, nous avons adapté notre bateau pour notre famille. Nous devenons de plus en plus à l'aise avec nos voiles, même en espace restreint. Surtout, nous avons une confiance absolue en Calbodine. La navigation autrefois stressante est devenue plaisante et agréable. Nous sommes moins nerveux, moins pressés et nous profitons pleinement du moment présent.

Je sais maintenant que la météo peut changer rapidement mais un ouragan catégorie 5 ne peut pas prendre forme en quelques secondes devant moi sans préavis. La mer annonce les changements météorologiques, il suffit d'observer. Parce que sincèrement, c'était bien ma plus grande peur. Qu'un ouragan se forme devant nous juste là, nous engouffrant dans un tourbillon d'horreur. Une transformation continue et s'affirme dans chacun de nous. »

0730, j'ai une légère adrénaline au cœur et Martin aussi. Je n'ai plus de boule angoissante à la gorge. J'ai plutôt hâte. Quel soulagement! Nous débutons la navigation avec un vent faible de dos, bien protégés de Long Island. Nous installons le tangon du genois pour quelques heures. Merci Matane pour la leçon. Nous filons à 5 nœuds, heureux. Nous nous préparons pour passer le cap et anticipons un changement de conditions. Nous enlevons le tangon et ajustons nos voiles.

1200, Martin prédit une bonne pêche au bout du cap. Juste au moment où nous dépassons le cap de Long Island, les conditions changent, le vent souffle beaucoup plus fort et les vagues s'amplifient. Puis la canne à pêche vibre et émet son bruit distinct « zzzzzzzzzzzzzzzziiiiii ». Silence à bord, tension, pression, personne n'ose plus dire un mot. Martin se jette sur la canne à pêche. J'enlève le pilote automatique et je prends la barre. Je ralentis et je nous mets à la cape. Walace se dépêche de sortir le filet de pêche, Nelson apporte le bâton pour assommer le poisson et Betsy cherche le crochet extra long pour piquer le poisson afin de le remonter à bord. Instinctivement, ils ont choisi chacun une tâche et coopèrent à cette pêche tant souhaitée. En l'espace de quelques secondes, tout le monde est prêt et en position. Nous attendons, patiemment... Plusieurs longues minutes passent. Martin joue avec le poisson, le laisse aller, le ramène, le laisse aller et le ramène, encore et encore. Ce jeu dure de 25 à 30 minutes. Puis le poisson se fatigue. Parfois, nous le voyons sauter à l'horizon. Ouhhh! Plus il est gros, moins nous osons parler et plus nous retenons notre souffle, de peur qu'il ne s'échappe. Nous avons tous espoir, salivant à l'avance, de goûter sa chair tendre, fraîche et juteuse.

Au bout d'un moment, le poisson se rapproche du bateau et dès qu'il aperçoit la coque, « zzzzzzzzzzzziiiiiiiiii », il repart en grand ! Patiemment, Martin prend tout son temps tandis que nous sommes tous les quatre, debout, impatients de le voir à bord, déjà grillé dans nos assiettes ! Puis vient le moment crucial de le monter à bord. Je me penche par-dessus les filières avec les vagues qui nous bousculent d'un bord à l'autre. Je m'allonge de tout mon long pour accrocher notre proie sous la gueule afin de simultanément la remonter à bord, encore l'hameçon dans la gueule, sans qu'elle ne se décroche. J'ai peur de l'échapper. Une chair si tendre et naturelle, contrairement à nos habituelles boîtes de thon, qui pourrait disparaître par mégarde en une seconde. Jusqu'à ce que le « soleil » soit à bord et en sécurité, personne ne dit un mot. Une fois qu'il est bel et bien sorti de l'eau, à bord de Calbodine et que nous sommes certains qu'il ne peut s'échapper, nous reprenons enfin notre souffle. On le mérite bien ce beau poisson. C'est la fête ! Contents et émus, nous racontons chacun à notre façon la partie de pêche qui vient de se produire sous nos yeux et célébrons notre nouveau cadeau de la mer ! Walace remercie respectueusement la mer de cette offrande avec une sagesse infinie qui nous rend fiers.

Il fait drôlement chaud tout à coup. Nous nous préparons à traverser le 21° parallèle où la chaleur des Caraïbes se fait réellement ressentir. Nous éprouvons une réelle différence de température, de jour comme de nuit. À 1500, nous commençons nos quarts. Il fait très chaud et humide. Les hublots restent fermés de peur de recevoir une grosse vague salée à l'intérieur de bateau, parole d'expérience. C'est difficile de dormir à l'intérieur dans cette chaleur écrasante. Nous nous installons sur un banc du cockpit pour nos siestes. Nous ne dormons que très sporadiquement entre les collations, le mouvement du bateau, la chaleur, le va-et-vient des enfants, quelques discussions avec eux et une observation sereine de l'horizon, de l'infini.

À 2100, je me réveille pour le début de mon quart. Il fait nuit noire, pas de lune, très peu d'étoiles, beaucoup de taches sombres et menaçantes. Ces nuages ressemblent étrangement à des esprits rampants, tout près de nous. Merde ! Il y a des éclairs plein le ciel. L'orage semble loin mais nous nous dirigeons tout de même directement là où il est le plus violent, selon notre radar. Il y a des cellules orageuses à tribord, d'autres à bâbord. Nous ralentissons en essayant de les contourner, puis nous accélérons. Je suis nerveuse avec tous ces éclairs, étant donné que la seule structure environnante de pur métal haute de 60 pieds, c'est le mât de Calbodine. Je suis nerveuse des coups de vent violent et des squales de pluie dont la nuit nous masque l'arrivée. Les yeux rivés sur notre radar, nous observons méticuleusement le ciel en changement constant. Je n'ose pas laisser Martin aller dormir tout de suite. Après une bonne heure à surveiller l'évolution de la météo ensemble, il va finalement faire une sieste, puis chacun notre tour pour une heure ou deux. Les éclairs ressemblent à ceux que nous observons par un soir d'été extrêmement humide où la pluie et le tonnerre sont absents.

25 avril 2017 — En mer

0500, après près de neuf heures de ce spectacle orageux, d'un peu de pluie, de multiples détours futiles, nous n'avons eu aucun coup de vent violent. Nous sommes bien soulagés. Il faut dire que nos semblants de détours ne valaient pas grand chose car les cellules de pluie bougeaient beaucoup plus vite que nous. Les premières lueurs du jour commencent à peine à apparaître quand les nuages se dissipent et font place à des milliers d'étoiles. La mer s'est doucement changée en mer d'huile, plus aucune vague. Un calme plat. Nos pensées ont libre cours et nos rêves tout l'espace pour grandir.

Le soleil est encore bas à l'horizon et il fait déjà très chaud. Vers 1000, nous sortons dans le cockpit un bac de plastique qui sert de piscine aux enfants. Ils jouent pendant des heures avec des épingles à linge en guise de bateaux de course. Martin et moi commençons tranquillement à décaper le pont en teck de son vieux vernis. Nous avons tous les deux les yeux lourds de fatigue mais la vie est belle. Le vent a tellement faibli que nous devons démarrer le moteur pour ne pas rester coincés ici plusieurs jours. À 1300, nous avons officiellement franchi le 21° parallèle. Il fait réellement très chaud. Nous faisons une guerre de seaux d'eau de mer pour nous rafraîchir. Les enfants y prennent un plaisir fou ! Nous décidons d'arrêter à Iguana, dernière île des Bahamas, pour obtenir nos papiers de sortie au cas où le prochain pays nous les demandent. Nous avons oublié de les obtenir avant notre départ de Georgetown. Mieux vaut être en règle.

1600, nous prenons la plus belle des douches possibles avec une vue de la mer à 360°, seuls au monde, sous un ciel bleu et un soleil brillant. Nous nous lavons au milieu du cockpit à l'eau salée puis nous nous rinçons à l'eau douce. Nous nous habillons légèrement et savourons notre propreté rafraîchissante. L'eau est calme, le vent est doux, les voiles sont ouvertes. Nous mangeons un festin de mahi mahi sur le BBQ accompagné d'un coucher de soleil époustouflant. Nous savourons chaque instant de cette soirée familiale inoubliable.

La nuit tombe tranquillement et heureusement, il n'y a aucune cellule orageuse en vue. Soulagés, nous arrivons à l'ouest d'Iguana, près de Matthew Town à 2420. Le temps de ranger un peu et boire un thé tranquillement. Pendant que Martin fait son pipi par-dessus bord, j'entends un énorme « splash ! » venant de son côté. Comme si une méga créature voulait vérifier la source de ce jet. Martin a eu une bonne frousse. Je suis morte de rire. Nous dormons fermement après ces 42 heures de navigation pour 228 milles nautiques. Demain, nous nous dirigerons vers Haïti sans escale possible. Je sens que l'aventure ne fait que commencer.

*« Si vous pensez que l'aventure est dangereuse,
essayez la routine. Elle est mortelle. »*

– Paulo Coelho

CHAPITRE 9 | LA NATURE EST SI PUISSANTE

26 Avril 2017 - Matthew Town, Bahamas

0700, après une courte nuit de sommeil, nous nous réveillons pour déjeuner avec un bon gruau. Nous avons fini le pain hier. Les bananes et les céréales sont épuisées depuis un bon moment. Il fait beaucoup trop chaud pour cuire un pain à l'intérieur. Il est de plus en plus bon ce gruau ! Nous ne pouvons plus nous permettre d'être difficiles sur nos menus.

Nous nous rendons sur l'île afin d'obtenir nos papiers de sortie. Une fois à terre, un Bahamien nous accueille chaleureusement. Il nous accompagne en voiture jusqu'aux douanes. Ensuite, nous cherchons l'épicerie du coin (lire ici dépanneur) dans l'espoir de trouver des carottes et des bananes. Pas de chance, ils n'ont pas eu de livraison de nourriture par bateau cette semaine. Nous continuerons avec nos réserves sèches et nos quelques œufs.

Avant de reprendre la mer, nous avons le goût de luncher ici, sur terre. Nous demandons à cinq personnes différentes où se trouve le restaurant de l'île tout en marchant dans cette chaleur accablante. Nous nous rendons à l'autre bout de la ville pour revenir 30 minutes plus tard, affamés, assis dans la boîte d'un camion, juste derrière l'épicerie. Vive les îles éloignées ! Au menu, poulet frit et patates frites, la seule option. C'est à ce demander si ce poulet était vivant quelques minutes plus tôt ! Une fois le tout englouti, nous retournons à pied au bateau, prêts à reprendre la mer.

En route, une femme en voiture s'arrête et nous discutons plusieurs minutes. Originaire du Texas, elle veut nous aider mais je sens que c'est elle qui demande réellement de l'aide. Quelques minutes plus tard, les pieds dans notre dinghy prêt à partir au large, on la voit revenir un sac à la main rempli de carottes, de noix de Grenoble, de kale et de lait d'amande. Sa générosité spontanée nous éblouit et nous touche droit au cœur. L'île entière d'Iguana nous surprend par sa bonté.

1430, nous levons l'ancre. Une fois en mer, un autre élan de fierté nous envahit. Nous apprécions chaque minute de ce périple. Nous sommes présents avec nos enfants, nous vivons chaque instant pleinement, consciemment. Nous sommes profondément heureux. Nous sommes ici, maintenant, en mer, avec seulement de l'eau à perte de vue grâce à un rêve dont nous avons suivi la destinée. Oui, les rêves peuvent se réaliser. Nous en sommes la preuve vivante en ce moment présent. Si nous pouvons réaliser un rêve aussi puissant, tout le monde a le pouvoir d'en réaliser un, aussi petit ou grand soit-il.

Tout près de nous se trouve Cuba, Haïti et un peu plus loin, la Jamaïque. La navigation est belle et paisible. Les enfants jouent inlassablement avec leurs Lego. À l'intérieur comme à l'extérieur, ils créent constamment un monde différent. Heureusement que nous les avons apportés ces fichus Lego, car grâce à eux, les enfants passent des heures et des heures à imaginer et à créer. Les vagues nous ramènent constamment des petits morceaux oubliés au milieu du passage, qui finissent toujours sous nos pieds nus en pleine nuit. Aouch! Au moins, ils servent tous les jours et les enfants ne demandent pas d'autres jouets. Malheureusement, ils ont contribué à la pollution de plastique en mer avec quelques morceaux échappés ici et là.

1745, un mahi mahi mord. Avec 40 pouces, ce fut notre plus gros poisson jamais pêché ! Il est magnifique et nous remercions encore la mer de nourrir notre famille. Sashimi de mahi mahi, sushi de mahi mahi, steak au BBQ, en papillote, en salade, en filet, à la poêle, en délicieuse soupe, nous le savourons de toutes les façons sans jamais se fatiguer d'en manger. Nous remettrons la canne à pêche à l'eau seulement après avoir fini de déguster notre prise. Par respect pour la nature, nous ne voulons pas gaspiller les ressources précieuses de la mer.

2000, une nuit douce et calme s'offre à nous. Nous sommes reconnaissants de ce manque d'action. Nous pouvons dormir nos quarts profondément. Nous croisons plusieurs paquebots et tankers provenant des États-Unis en route vers le canal de Panama, la Colombie et le Brésil. C'est amusant de suivre leur trajectoire avec notre AIS. Nous entrons dans une nouvelle mer, celle des Caraïbes. Il y a moins de voiliers de plaisance ici, moins d'aide, moins de soutien. Nous devons nous suffire à nous-mêmes et être autonomes. Nous adorons sortir des sentiers battus alors ça devrait aller.

27 Avril 2017 — En mer

0600, nous observons un superbe lever de soleil. La journée sera chaude ! Rien à l'horizon. De l'eau à perte de vue tout autour de nous. Le bateau est bizarrement rempli de traces boueuses et huileuses, un peu comme des *splashs* de goudron très difficiles à laver. Mystère ? Nous sommes au début du Windward Passage, entre Haïti et Cuba. Il y a de gros troncs d'arbres à demi submergés et des déchets qui encombrent l'eau. Nous avons peur d'en fracasser un en pleine descente de vague et d'abîmer sévèrement notre coque. Nous nous demandons si ce sont des vestiges de l'ouragan dévastateur Matthew qui flottent encore. Mais la mer est calme alors nous ne devrions pas en frapper un. Une dizaine de dauphins nagent jusqu'à nous en faisant de hauts sauts périlleux. Ils nous suivent une trentaine de minutes, s'amusant dans nos vagues. Les enfants les observent sans un mot. Nous aussi, humblement. Ce spectacle sauvage est grandiose. La journée passe tranquillement, nous alternons nos siestes. Puis, vers midi, il fait beaucoup trop chaud. Nous somnolons à l'ombre du génois à l'avant du bateau, le vent chaud caressant tout notre corps presque nu.

1300, je suis maintenant à la barre. Martin dort et les enfants jouent à l'intérieur. Je me demande comment ils font pour rester à l'intérieur avec ce mouvement constant et cette chaleur étouffante. J'aperçois sur le radar un bateau s'approchant dans notre direction. Je le suis avec les jumelles et notre radar. Je m'amuse à prédire son chemin. De toute façon, je n'ai pas beaucoup d'autres distractions. D'après mes calculs, il se dirige directement sur nous alors je modifie légèrement mon cap pour l'éviter. Quelques minutes plus tard, il se dirige encore directement sur nous. Je modifie mon cap encore quelques fois pour constater qu'il modifie son cap lui aussi. Il se dirige tout droit sur nous, volontairement.

Maintenant plus qu'une distraction, je l'observe attentivement. À présent, je le vois à l'œil nu et je ne le lâche pas des yeux. Plus le bateau approche, plus je change ma direction et il me suit délibérément. Je n'aime pas ça. Ça ne sens pas bon. J'ai un mauvais sentiment qui me monte dans les tripes. Je crie aux enfants de venir sur le pont et de réveiller papa au passage. Le bateau est maintenant bien visible et il semble y avoir plusieurs personnes à bord. Un genre de bateau de pêche en bois peinturé vert avec de gros moteurs puissants provenant de la Jamaïque. Il est très proche et vient rapidement droit sur nous dans une mer assez large pour tout le monde.

Alarmée, je dis aux enfants de se dépêcher de sortir. Je crie à Martin de venir. Dès qu'ils sortent sur le pont bien visibles, le bateau disparaît immédiatement à tribord. Ouhhhhhh ! J'ai une sueur froide qui me traverse le dos... Qu'est-ce qu'il serait arrivé si les enfants n'étaient pas sortis ? Ou si j'avais été seule ? Ou si Martin ne s'était pas pointé ? Est-ce que c'étaient des pirates ? On ne le saura jamais, mais c'est aussi bien ainsi. Les enfants retournent jouer sans que je leur en glisse un mot. Pas besoin de leur faire part de ce monde criminel potentiellement fatal. Je ne veux pas leur faire peur inutilement...

1600, nous apercevons au loin les montagnes d'Haïti à travers d'énormes cumulonimbus s'élevant jusqu'au ciel. Ça ne peut pas être bon signe. Les nuages sont énormes. Le ciel est lourd. Nous devons passer ce cap pour rejoindre le sud de l'île d'Hispaniola. Pas question d'arrêter dans la baie de Port au Prince en Haïti. Nous avons entendu parler de très mauvaises expériences dans ce port trop occupé. Pas de risque à prendre. Nous continuons notre progression vers ces nuages menaçants.

2000, nous sommes à la hauteur du cap juste avant de le dépasser. Les enfants sont couchés. La nuit est tombée, noire comme du charbon. Mais elle est éclairée avec fureur quelques secondes par-ci, quelques secondes par-là. Merde de merde. Encore des orages. Mais cette fois-ci, partout autour de nous, sur nous. Des éclairs violents accompagnés de tonnerre terrifiant et puissant. Nous sommes en plein dedans. Pas moyen de s'en sauver. Le vent forcit. Nous réduisons les voiles juste assez pour avancer. Les cellules orageuses nous englobent tout autour. La pluie nous transperce à l'horizontale. Nous sommes tout mouillés. Heureusement que l'air est incroyablement chaud.

Une fois le Cap Tiburon passé, le vent prend de la force, les vagues se forment, très hautes, les éclairs tombent tout autour de nous, nous suivent, nous entourent, nous dépassent. Nous sommes partie intégrale de cette cellule violente et puissante. Nous ne voyons rien dans cette nuit ultra mouvementée. Puis l'éclair nous illumine de toute sa puissance et nous voyons pour quelques millièmes de seconde la mer en furie. Le bateau bouge rapidement, férocement. Nous voyons les éclairs toucher la mer tout autour de nous et nous entendons le tonnerre exploser simultanément. Nos êtres vibrent de partout. Nous sommes électrifiés, surexcités, complètement éveillés, un peu survoltés. Nous sommes complètement à la merci de dame nature dans cette fureur passagère. Nous sommes tellement dans le moment présent que nous oublions d'avoir peur.

Je cours à l'intérieur chercher un extincteur à feu et l'apporte sur le pont, prêt à l'emploi. Je range nos ordinateurs, cellulaires et appareils électroniques dans le four. J'ai lu que ça pouvait sauver les appareils électroniques en cas de coup d'éclair sur le mat. À ce moment précis, nous ne pouvons aller nulle part. Nous évitons à tout prix de toucher le métal qui nous entoure, et il y en a partout. Les vagues nous propulsent de tous les côtés.

Les vagues sont maintenant grosses, de face, le vent est violent, de près, la pluie est à l'horizontale depuis longtemps. Nous sommes trempés jusqu'aux os. La température a chuté. Fatigués, nous avons maintenant froid. Dans ce vent puissant, à gorge déployée, nous crions tous les deux à dame nature d'aller se fâcher plus loin. Nous sommes si vulnérables dans cette scène aussi puissante.

28 Avril 2017 — En mer

Cinq heures plus tard, nous sommes encore tous les deux aux aguets dans cette mer en furie à surveiller les voiles et les conditions. Vers 0100, un dernier éclair puissant me fait bondir le cœur hors de la poitrine, juste là, derrière Calbodine, me dévoilant pour quelques millièmes de secondes le sommet des vagues comme enneigées. Puis tout à coup, l'orage s'éloigne et disparaît, aussi vite qu'il a commencé. Il laisse derrière lui vagues, vents et un respect immense pour dame nature.

Épuisés, nous allons dormir deux heures chacun notre tour jusqu'au lever du soleil. À entrevoir la hauteur des vagues dans la lueur du soleil, je ne suis plus étonnée que ça brasse autant. Au moins, nous n'avons pas fracassé de tronc d'arbre dans cet orage. Moi qui a toujours adoré admirer la force des orages, je dois avouer qu'en mer, avec un mât métallique haut de 60 pieds, j'aurais bien aimé l'observer d'un peu plus loin !

0600, je suis épuisée comme rarement je l'ai été. Je viens de résister une heure de plus pendant mon quart pour laisser Martin dormir trois heures au lieu de deux. Pour celui qui dort, un repos de deux heures mélange le corps et brouille l'esprit tandis que trois heures font toute la différence. J'espère secrètement qu'il me retournera la faveur. Mais de mon côté, à la barre et fatiguée, j'ai eu toute la misère du monde à rester éveillée dans ce mouvement incessant. Je me raconte des histoires, je me raconte des peurs, je chante à tue-tête « Au clair de la lune » en boucle continuelle tout en sautillant. Mes yeux veulent se fermer. J'ai peut-être somnolé debout, derrière la barre avec ce vent en plein visage. À voir les yeux de Martin, il n'est guère plus en forme que moi. Je m'endors avant que ma tête ne touche l'oreiller. J'ai beaucoup de difficulté à me relever trois heures plus tard, tout mon être voulant rester allongé. Martin doit retourner se coucher lui aussi.

Walace a le mal de mer, il est couché sur la table baissée. Nelson et Betsy jouent au Lego, encore. Ils n'ont eu aucune connaissance de la nuit mouvementée qui vient de passer. Nous longeons la côte sud haïtienne. Ce n'est pas très loin. Mais notre progression est très lente. En ligne droite, il nous aurait fallu une ou deux heures de navigation, tout au plus. Pourtant, il nous faudra encore une dizaine d'heures pour arriver à bon port. C'est vrai qu'à la vitesse d'une bicyclette, nous ne pouvons pas avancer très vite face à ce grand vent.

1000, le temps nous semble interminable. Nous devons faire des virements de bord continuels jusqu'à l'entrée de la baie de l'île à Vache. Le problème est que dès que nous nous éloignons de la côte, les vagues sont énormes et nous ralentissent beaucoup trop. Et de l'autre bord, nous fonçons droit sur l'île. Nous pratiquons nos virements de bord très serrés avec ce vent dominant de face, franc est. Nous restons tous les deux dehors, prêts pour les manœuvres. Un à la barre, l'autre assis juste à côté, prêt au virement de bord. Pendant les 20 à 25 minutes d'un côté, l'autre dort une micro sieste assis au vent, ballotté par les vagues puis nous échangeons chacun notre tour. Découragés, on dirait bien que cette baie n'arrivera jamais.

Les enfants ne sont pas venus dehors. Ils s'occupent seuls. Ils sont autonomes et ne demandent rien. Ils ne m'inquiètent pas car ils ne peuvent pas aller plus loin que l'intérieur du bateau. Finalement, à 1515, après presque 50 heures de navigation et 257 milles nautiques parcourus, nous jetons l'ancre, totalement épuisés, dans une baie paradisiaque, un endroit exotique que ni le temps ni l'homme blanc ne semble avoir déjà atteint. À peine l'ancre à l'eau, cinq bois-fouillis[12] nous entourent,

---

[12] Le bois-fouillis est un petit bateau rudimentaire creusé dans un tronc d'arbre de manguier, fait à la main depuis des générations.

immédiatement suivis de plusieurs autres. Nous sommes rapidement entourés d'une quinzaine d'embarcations rudimentaires. Les hôtes, tous plus polis les uns les autres, nous offrent des mangues juteuses, nous proposent leur services et nous invitent à leur donner du boulot. Ils restent là, souriants de leurs dents ultra blanches, comme si le temps n'existait pas. Comme si le temps venait de s'arrêter, n'ayant aucune valeur à leurs yeux. Ils nous regardent intensément de leur regard vif et perçant sans bouger. Certains nous observent sans un mot, nous, les blancs. D'autres discutent curieusement entre eux, en créole. Quelques-uns nous parlent en français.

Après une heure ou deux d'échange de sourires, de regards et de quelques paroles, nous nous excusons poliment en expliquant que nous devons absolument dormir et que nous serons encore ici demain matin. Hésitant à entrer dans la cabine avec autant de monde encore accroché à Calbodine, nous rentrons finalement dormir à l'intérieur. Les enfants nous questionnent du regard, nous leur répondons avec un signe de la tête. Tout va bien. Ils rentrent jouer à l'intérieur. Nous nous endormons aussi vite. Nous nous sentons mystérieusement en sécurité, comme si nos nouveaux hôtes allaient maintenant curieusement nous protéger et surveiller notre bateau.

C'est ainsi que nous venons d'arriver dans un monde parallèle à celui que nous connaissons. Dans une autre époque que l'homme blanc n'a miraculeusement pas révolutionnée. Je dors mal, j'ai hâte de vivre leur réalité et de connaître leur quotidien.

« Ne me jugez pas sur mes succès, jugez-moi sur le nombre de fois où je suis tombé et où je me suis relevé à nouveau. »

– Nelson Mandela

CHAPITRE 10 | AIMER SON PROCHAIN

29 avril 2017 — Île à Vache, Haïti.

J'avais entendu un adage d'un voyageur voulant que les Haïtiens te jettent un sort à ton arrivée et que tu ne puisses plus repartir intact. Du moins, plus comme avant, ayant une partie de ton cœur qui reste derrière. Nous confirmons...

À peine réveillés, les enfants rampent nous voir en murmurant tout bas. « Maman ! Papa ! Il y a quelqu'un qui cogne sur le bateau dehors » ! Hésitant, nous nous levons et sortons la tête discrètement. Il y a quatre bois-fouillis avec huit Haïtiens accrochés à Calbodine. Ils nous souhaitent une bonne journée et nous demandent si nous avons bien dormi. Ils sont là depuis je ne sais combien de temps. J'ignore s'ils reconnaissent notre regard intrigué et surpris. Au lieu de les repousser comme le voudrait notre instinct, nous les accueillons chez nous. En plus que, théoriquement, c'est nous qui sommes chez eux...

Un des hommes veut nous vendre des langoustes fraîchement pêchées qui nagent au fond de son bateau. Il est pieds nus avec juste assez d'eau pour que les langoustes restent vivantes. On se comprend du regard, il nous en vend trois. Deux autres jeunes hommes nous apportent un sac de mangues fraîches et juteuses, les meilleures que nous ayons jamais goûtées ! Trois autres veulent nous faire visiter leur île en devenant nos guides. Acceptant avec plaisir, nous leur disons que nous serons prêts dans une heure ou deux. Eux parlent bien le français et un peu l'anglais. La dernière embarcation abrite deux jeunes garçons pas plus vieux que nos enfants, assis dans leur « tronc d'arbre » qui hésite sérieusement à flotter. Ici, les plus jeunes doivent prendre ce qui reste. Ils nous regardent intensément.

Ils sont tous là, à jaser entre eux en nous attendant tranquillement. Quelques minutes après qu'on soit sortis sur le pont, plusieurs autres bateaux arrivent habilement jusqu'à nous. Il y a maintenant une quinzaine de bois-fouillis autour de nous. Ils nous demandent du travail et tout simplement si nous avons bien dormi. Cette question se pose encore de ce jour ? Nous sommes des inconnus, mais visiblement pas à leurs yeux. Ils n'appliquent aucune règle préétablie de première rencontre ni aucune formalité occidentale. Ils nous acceptent immédiatement dans leur cercle sans jugement ni chichis. Ils sont heureux, humbles, souriant à pleine dents ultra blanches tout en discutant joyeusement. Ils ont l'air en excellente forme physique, leurs muscles reluisant de partout, leurs yeux pleins d'étincelles. La loi du plus fort s'applique visiblement ici.

Nous apprécions énormément leur placidité. Ils ne sont pas en quête ni mendiants ni agressifs. Ils nous demandent plutôt : « Mon ami, donne-moi du travail ! » avec un énorme sourire et une attitude amicale. Nous leur disons de revenir. Nous voulons déjeuner, nettoyer l'intérieur et l'extérieur de Calbodine après cette mer salée. Nous mangeons rapidement, repas entrecoupé par le va-et-vient des Haïtiens. Nos futurs guides reviennent. Nous leur disons que nous ne sommes pas prêts. Ils reviennent un peu plus tard et cinq autres fois avant que nous soyons prêts à les suivre sur terre, amusés et terriblement curieux. Au diable le nettoyage : le ménage va nous attendre !

Il doit être maintenant 1000. Vient enfin le temps de mettre les pieds sur leur île. Nous n'avons pas pris le temps de remettre notre moteur hors-bord sur le dinghy alors nous les suivons avec nos pagaies. Ils vont beaucoup plus rapidement que nous avec leurs embarcations effilées. Même ces jeunes enfants pagaient plus vite que nous !

Nous sommes ancrés à une centaine de pieds de la berge. La plage est parsemée de petites embarcations de bois, certaines faites d'un tronc d'arbre de manguier (les bois-fouillis), d'autres ressemblent à nos chaloupes en bois. Les pagaies sont sculptées dans le bois en un seul morceau. Nous ne voyons qu'un seul moteur bien usé. Nous pouvons distinguer les toits de tôle de quelques maisons parmi la végétation verte et généreuse. Les feuilles de palmiers se balancent doucement au vent et c'est le seul bruit que nous pouvons entendre. A priori, le village semble désert. Peu à peu, nous apercevons du mouvement comme quand nos yeux s'habituent au soleil brillant en sortant du cinéma.

Nos guides, Pipi, David et Colby, nous surveilleront et nous guideront pendant notre séjour. Ils sont souvent accompagnés de trois enfants. Ceux-ci nous observent de leur regard intense et profond, comme si nous venions d'arriver d'une autre planète. On dirait que ces trois jeunes examinent aussi leurs aînés pour savoir comment se comporter avec les blancs.

Le temps semble arrêté dès que nous mettons les pieds sur l'île. Une foule de gens, jeunes et moins jeunes, nous accueillent du regard. Des enfants approchent et entourent nos enfants en les observant intensément. Les plus curieux viennent plus près et touchent leurs cheveux blondis par le soleil. Walace, Betsy et Nelson ne bougent pas, les observant avec intensité eux aussi. Nous essayons tous d'absorber tout ce nouveau qui nous entoure.

Les plus vieux nous questionnent du regard, un peu plus méfiants. Des femmes nous regardent passer avec un air suspicieux, un bébé sur le dos, un énorme panier sur la tête et une traînée d'enfants qu'elles rapprochent telles une louve protégeant ses bébés. Ces vieilles dames, édentées, assises dans l'ombre d'un arbre, nous sourient avec une sagesse indescriptible. Tous ces locaux ont l'air de nous étudier, pour savoir si nous sommes des gens bien et s'ils peuvent nous faire confiance. Nous faisons la même chose, regardant chaque personne, chaque détail du village qui s'offre à nous. Tout est si différent, simple, calme et naturel. Nous perdons tous nos repères.

Accompagnés de nos six guides, nous marchons à travers les palmiers, les pieds dans le sable, dans ce village coloré en bordure de la plage où maisons de pierre et de terre abritent des familles entières. Six, dix, même quinze personnes cohabitent sous un même toit, dans ces demeures pas plus grosses que nos cabanons, avec un plancher de terre et parfois un bout de tissu comme porte ou fenêtre. L'eau courante est inexistante. La nature envahit les maisonnettes, ou plutôt, les hommes ont construit leurs maisons en fonction de la nature, ne voulant pas la déranger.

Nous vivons tous un choc culturel. Walace, Betsy et Nelson ne parlent pas mais je sens qu'ils observent vivement et marchent tout près de nous. Walace a un nouveau copain, même grandeur, même âge certainement, qui lui serre fermement la main. Il nous suit sur les talons, curieusement, épiant tous nos gestes et mouvements. Je lui prends la main quelques minutes pour soulager les doigts de Walace et j'ai les doigts qui manquent de sang ! Ce petit garçon est si fier d'être avec nous, mais il ignore que nous aussi, nous sommes si fiers d'être avec lui et ses compatriotes.

Nous arrivons à la maison du plus vieux de nos guides à travers des sentiers de terre sablonneuse, en haut de la colline. La vue est à couper le souffle. D'un bord, il y a la mer des Caraïbes à perte de vue. De l'autre, nous avons une vue surplombant l'île (d'environ 14 000 habitants), la végétation luxuriante qui se ballotte au vent et la baie où Calbodine se trouve. Son père, un homme d'à peu près 60, 65 ans, pieds nus, cultive le maïs. Ses pieds ressemblent à ceux des hobbits dans le film *Le Seigneur des Anneaux*.

Sa mère éviscère un gros bol de petits poissons puants posés par terre destinés au marché de Madame Bernard. Elle travaille cul par-dessus tête, en rigolant avec les frères et les sœurs. Par respect, nous ne prenons pas de photos à la demande de son fils. Ils nous ouvrent ainsi leur maison et nous discutons tranquillement. Puis le père vient avec nous pour continuer notre marche, une énorme machette sur la cuisse. Nous la regardons se balancer à chacun de ses pas, touchant presque par terre. Il nous parle fort et joyeusement mais nous ne comprenons que quelques mots.

Nous nous arrêtons sous un grand arbre et le vieux commence à grimper jusqu'en haut, comme ça, tout simplement. C'est là que nous découvrons le manguier. Un arbre majestueux, croulant sous le poids de centaines de fruits succulents. Puis un des jeunes grimpe dans l'arbre voisin et nous partageons spontanément noix de coco sucrées et mangues juteuses. Nous apprenons comment véritablement manger la mangue, en l'épluchant avec les dents comme une banane. La machette sert (fort heureusement) à ouvrir la noix de coco d'un seul coup. Ils nous les offrent, mais nous insistons pour les partager tous ensemble. Un délice pur et simple de partage culturel.

Nous continuons notre marche exploratoire à travers le village, où cochons, chèvres et moutons sont attachés par-ci par-là avec une ficelle. Les poules et les chiens se promènent librement. Le linge sèche bien sécurisé sur des clôtures de fil de fer barbelé pour ne pas s'envoler. Chacun est affairé à son quotidien qui revient principalement à la base primitive : se loger, se nourrir et dormir. Nous pouvons mieux imaginer comment vivaient nos ancêtres en saison estivale bien avant l'industrialisation.

« Tout en marchant, je sens le jugement des autres sur moi. Nous sommes blancs, donc nous

sommes riches. Je me sens mal, jugée faussement pour ce qui ne m'appartient pas. Je réalise l'ampleur du jugement que nous portons sur les autres à grand tort. Je réalise le malaise. Je réalise la souffrance.

Nous ne pouvons pas juger notre prochain sans savoir le passé de cette personne. Tous ces immigrants qui arrivent chez nous après avoir vécus des horreurs inimaginables. Tous ces enfants troublés qui vivent dans la misère et qui deviennent des adultes misérables. Tous ces gens qui prennent des chemins différents de nous et qui ont pourtant tous leurs raisons.

Chacun porte en lui un bagage bien inconnu à nos yeux. Chacun fait son propre chemin selon sa propre destinée et selon les opportunités qui lui sont offertes. Qui sommes-nous pour en juger la bonne conduite ? De quel droit avons-nous même l'audace de porter un jugement ? Nous n'avons pas le droit de se faire une opinion immédiate sans considérer le vécu complet d'une personne.

C'est comme si un éclair me transperçait, qui m'illuminait de l'intérieur. Je me sens transformée, le cœur plus léger, un voile enlevé et une compréhension du monde plus large. Je vois clairement nos différences, je vis grandement nos différentes cultures et j'apprécie infiniment ces différences qui nous distinguent de tous et chacun. J'apprécie notre diversité. Et ce, pas seulement à l'autre bout du monde, mais aussi dans mon propre village, dans la ville où nous choisirons de

Les Haïtiens parlent tous le créole, un dialecte de français avec des influences de portugais, d'espagnol, d'anglais et de langues de l'Afrique de l'Ouest. Ceux qui ont pu aller à l'école parlent le français et quelques-uns l'anglais. Il n'y a que quelques enfants qui ont accès à l'école du village. Seuls ceux dont les parents sont les plus débrouillards et travaillants, qui réussissent à amasser les quelques dollars nécessaires, peuvent envoyer leurs enfants à l'école. Nous sommes loin des régimes sociaux pour aider les plus démunis.

L'école traditionnelle est de 0800 à 1300 puis le village entier s'occupe de l'éducation des jeunes. Ils deviendront des adultes résistants, ingénieux, débrouillards, fiers et travaillants. Nous terminons notre tour guidé avec un Coca-Cola pour tout le monde chez l'ami du coin en discutant joyeusement. De retour à Calbodine en fin d'après-midi, notre souper de langoustes fraîches couronne parfaitement cette journée mémorable.

Au réveil, le même monsieur qu'hier nous apporte des langoustes avec un extra de pommes de cajou, et ce sera le même rituel tous les matins suivants. Fasciné, il est fier de nous faire découvrir une parcelle de son pays. Avec lui, nous découvrons la noix de cajou à son état pur et ce fruit encore inconnu. La pomme de cajou à un goût unique. Sucrée et acidulée mais une fois le palais habitué, elle est irrésistible. Quant à la noix de cajou, elle est très complexe à extraire et gagne notre fascination.

Ce jour-là, nous restons à bord et accueillons nos « travailleurs ». Nous en profitons pour ranger le bateau, sortir la literie pour l'aérer, nettoyer à l'eau douce l'intérieur de Calbodine et se remettre à jour. Nous qui avons l'habitude de faire tout nous-mêmes, nous ne pouvons pas leur refuser tout travail. Ça aurait été un peu comme ces bateaux de croisière monstrueux qui arrivent à un port, prennent toutes les vivres, envahissent les plages, capturent le paysage, volent les coquillages, laissant leur déchets à la mer et les habitants un peu plus démunis derrière eux sans même s'en rendre compte. Nous ne pouvons être insensibles à leur réalité. Être ici signifie que nous devons nous ajuster. Nous avons pris la décision de mouiller dans leur baie, dans leur monde, dans leur réalité. Alors nous souhaitons être le plus équitables possible.

Donc, deux Haïtiens nettoient la coque, deux jeunes polissent grossièrement le métal pendant que quatre adolescents enlèvent le vernis du teck. Quarante-cinq pieds aller-retour, ça fait beaucoup de vieux vernis à enlever ! Il leur faudra quatre jours pour terminer. Ces derniers ont bien mérité leur argent et leurs repas fournis. Surtout qu'ils ont fait un travail remarquable. Sans eux, je ne sais même pas si nous l'aurions fini un jour, Martin et moi !

Un jeune homme vient à notre bateau pour nous inviter à souper à son restaurant. Nous acceptons gaiement. Il repart fièrement avec une réservation pour cinq personnes le lendemain soir. Nous remettons notre lessive à un autre monsieur qui nous promet que sa femme est la meilleure pour le lavage. Je me dis que même s'il nous manque une bobette ou deux au retour, ce n'est pas très grave. Le linge reviendra deux jours plus tard bien plié mais plein de trous (de barbelés, évidemment) et de taches d'eau de javel. Hum ! Pas de doute, notre linge est propre.

Nous nous questionnons quand même sur le bienfait de leur donner de l'argent. Ils ont tous un cellulaire et plusieurs d'entre eux ont un ou plusieurs tatouages. Ça prend quand même de l'argent pour ça. C'est pourquoi nous aimons mieux leur donner un boulot plutôt que de leur donner de l'argent brut. La plupart des gens ne manquent pas de nourriture, la nature étant naturellement généreuse. Une réflexion s'impose.

Pendant notre court séjour, nous réalisons rapidement qu'ils aimeraient tous du travail. Les possibilités d'avancement sont maigres sur l'île à Vache. Ceux que nous ne pouvons pas aider continuent à discuter gentiment avec nous. Évidemment, nous ne pouvons pas fournir à tous un salaire équitable et durable. Il nous faut choisir difficilement quelques-uns dans le village qui recevront une infime partie de notre maigre avoir, pourtant une richesse inégalée à leurs yeux. Difficile de concevoir l'ampleur de nos différences, nous qui venons d'atterrir chez eux avec un grand navire moderne, d'un autre pays, d'une autre réalité, la peau trop blanche et le portefeuille nécessairement plus épais. Un peu comme si la reine et sa famille royale débarquaient volontairement chez nous, à la maison, juste avant l'heure du souper. Tellement de différences nous séparent, au-delà des mots, au-delà des gestes. Et pourtant, nous nous sentons proches et bien accueillis et acceptés.

Avant de les quitter ce soir-là, nous mentionnons à nos guides que nous aimerions aller au marché de Madame Bernard, ce fameux marché extérieur hebdomadaire. J'ai lu dans nos guides qu'il ne faut absolument pas manquer ce marché phénoménal, choc culturel garanti. Ça tombe bien, il a lieu demain.

« Si tu veux aller vite, marche seul. Mais si tu veux aller loin, marchons ensemble. »

– Proverbe africain

CHAPITRE 11 | CHOC CULTUREL

2 mai 2017 — Île à Vache, Haïti

Nous nous réveillons très tôt ce matin, anxieux et excités. Nous avons hâte de vivre cette expérience culturelle unique. Nous rejoignons nos guides sur la plage de bonne heure. Cette fois-ci, nos jeunes guides resteront derrière. Le marché de Madame Bernard est à plus de deux heures de marche. La seule façon de s'y rendre, c'est à pied car il n'existe aucun moyen de transport motorisé sur l'île.

Nous commençons à marcher aussitôt. Nous traversons plusieurs villages, certains bordés par la plage et d'autres bien camouflés dans la forêt. Certains sont particulièrement propres et bien rangés, d'autres miteux et très désordonnés. Les maisons sont parfois grandes, parfois petites et délabrées. Les villages semblent désertés, certainement que tout le monde est au marché. C'est là que la population entière de l'île se rencontre, une fois par semaine, pour vendre des récoltes, acheter ou échanger de la nourriture, des animaux, des biens et tout autre produit nécessaire à la vie courante. Il n'y a aucun magasin tel que nous les connaissons.

Alors qu'on traverse un petit village camouflé dans la forêt, une bande de « ti-mounes » noirs (enfants, en créole) courent vers nos « ti-mounes » blancs. Nous nous arrêtons, vivant un moment intense. Une vingtaine d'enfants haïtiens encerclent Walace, Betsy et Nelson et parlent fort entre eux en créole. Plusieurs caressent les cheveux blonds, doux et longs de Betsy. Elle m'interroge du regard pour s'assurer que tout va bien. Quand même un peu sur mes gardes, je la sécurise d'un hochement de la tête. Oui, c'est normal. Ces enfants-là n'ont pas dû voir très souvent des jeunes blancs aux yeux bleus/verts et aux cheveux dorés si fins. Nous restons ainsi à nous regarder et à nous observer pour un temps qui nous paraît s'arrêter. Puis une dame prend la main de Betsy et s'approche de moi. Elle me pousse une petite fille avec un hochement de la tête. Puis elle semble vouloir s'en aller, toujours avec notre Betsy dans la main. Pipi traduit. Elle me demande d'échanger ma fille contre sa fille. Aussitôt, il nous dit fermement qu'il est temps de partir. Alarmés, nous partons rapidement, en prenant bien soin de reprendre la main de Betsy. Je me questionne encore si elle m'aurait réellement donné sa fille en échange de la mienne. C'est trop pour mon cœur de mère à concevoir, mais ça m'en dit long sur la richesse de leurs propres valeurs.

Des enfants plus jeunes que Nelson nous dépassent en galopant, pieds nus. Ce n'est clairement pas la première fois qu'ils font le chemin. Des aînés, considérés personnes âgées en Amérique, marchent plus rapidement que notre troupe, un panier rempli à ras bord sur la tête et les mains pleines de vivres à vendre.

Walace, Betsy et surtout Nelson, alors âgé de cinq ans et demi, trouvent le chemin long et aride dans cette chaleur grandissante. Nous mangeons beaucoup de mangues en chemin, les manguiers étant partout et abondants. Nous nous arrêtons plusieurs fois pour des petites pauses. Nos copains semblent nous trouver extrêmement lents. Nous constatons la raison de leur bonne capacité physique et de leur forme inouïe. Personne ne va au gym lever des poids et haltères quelques minutes par semaine. Ici, ils sont nés dans une condition qui demande une forme physique plus grande simplement pour survivre. C'est un mode de vie. Sur l'île, il n'existe pas de voiture, très peu de bicyclettes, ni de poussettes, ni même de route. Les enfants marchent dès qu'ils deviennent trop lourds pour le dos de leur maman ou dès que le prochain bébé prend leur place. Il n'y a pas d'autre option donc personne ne se questionne sur le fait de marcher ou non. C'est la seule façon de se déplacer.

Nous continuons notre périple sur cette route pittoresque qui est plutôt un sentier semi dégagé en forêt. Par moments inondé, par moments large pour accueillir un troupeau de bétail et d'autres aussi étroit qu'une simple piste à demi envahie par la nature. Seuls, nous nous serions perdus en l'espace de quelques minutes dans ce labyrinthe de chemins. Curieusement, nous avons confiance en nos précieux guides. J'imagine que si nous sommes rendus ici, nous devons faire confiance à la vie et que maintenant, notre intuition nous guide vers les bonnes personnes et les bons endroits. Du moins, c'est ce que nous aimons croire.

Après près de deux heures et demie de marche, la forêt semble un peu plus agitée, les sentiers plus larges et plus fréquentés, les gens plus pressés. Nous sentons que nous approchons du village de Madame Bernard. Nous croisons un encan d'animaux vivants où cochons, ânes, chèvres, poules et moutons seront vendus au plus offrant. Pipi, David et Colby marchent maintenant plus rapidement. Ils s'assurent du regard que nous les suivons de près. Enfin, trois heures de marche plus loin, une simili route s'offre à nous puis, à l'orée du bois, elle fait place à un grand village de maisonnées couleur sable, toutes entassées les unes sur les autres. Il y a subitement du monde partout. Instinctivement, j'agrippe fermement la main de Betsy, Martin tient celle de Nelson et Walace est avec Pipi. Notre niveau de vigilance augmente d'un cran.

Contrairement à la forêt, tout va subitement trop vite. Nos sens sont sur-stimulés et ne peuvent enregistrer tout ce qui se passe en même temps. Les odeurs s'entremêlent entre les épices odorantes, la viande crue qui sèche au soleil entourée de mouches, les fruits sucrés et colorés et les mille et un produits dont nous ignorons les vertus. Les gens crient plus fort les uns que les autres, soit pour vendre, soit pour acheter, dans un univers chaotique. On dirait que tout le monde se dispute. Walace et moi observons cette vieille dame courbée voler un chou avec empressement. Elle se sauve rapidement, comme une sorcière qui disparaît d'un coup de baguette.

Nous marchons rapidement entre les produits étalés par terre, parfois sur une toile, parfois sur le sable durci. On y voit de tout. Fruits, légumes, légumineuses, épices, thés, viandes, produits de toilette, accessoires mécaniques, cordes, médicaments, accessoires électroniques, etc. Je me demande d'où ça vient tout ça. Est-ce arrivé jusqu'ici illégalement ? Par bateau ou par avion ? Pipi nous négocie des choux, des carottes, des patates douces et des fines herbes encore inconnues.

J'ai l'impression d'être dans un autre monde, un tout autre univers. Je me sens complètement déboussolée. Nous sommes les seuls cinq flocons de neige blanche dans une mer de perles noires, comme l'illustre si bien Walace. Nous sommes ceux qui sont pointés du doigt, les voyeurs, les étrangers, les gens pas à leur place. Je nous sens regardés, observés, dévisagés. Je me sens prise de vertige pendant quelques secondes. Je ne comprends rien à leur dialecte. Je me sens si vulnérable avec mes enfants à protéger à mes côtés. J'ai soudain l'impression de ne plus être en totale sécurité. Il y a trop de monde. Je ne vois pas bien. Je commence à paniquer, à me faire des idées inquiétantes.

Je cherche frénétiquement mes enfants. J'ai Betsy (à qui j'arrache probablement la main), Martin est encore avec Nelson et je cherche Walace du regard. Je ne le vois plus. J'essaie de distinguer sa tête blonde dans cette mer noire de monde. Mon cœur arrête de vibrer, je sens la panique me submerger. Je cherche désespérément du regard parmi cette foule mouvementée. Pour des secondes qui m'apparaissent des jours, je cherche mon petit garçon avec des idées de kidnapping et de rançon en tête. Puis, en avançant de quelques pas, je l'aperçois, une vingtaine de pieds plus loin, sa petite main bien ancrée dans celle de Pipi. Je suis aussitôt soulagée, mais j'ai quand même hâte de sortir d'ici.

Le sac à dos bien rempli de vivres, nous nous arrêtons pour dîner dans un casse-croûte. 1200, nous commandons huit repas pour partager tous ensemble. Poulet, bananes plantain frites et quelques bouillis de légumes mélangés. La rumeur va vite qu'une famille de blancs mange à cet endroit. Nous avons bientôt une foule de jeunes qui nous espionnent à travers la clôture. Ils essaient de nous toucher le bras ou de toucher les cheveux des enfants. Colby revient à nous en disant que nous devons nous dépêcher car un bateau taxi part à 1300. Il nous ramènera au village. Sinon, nous devons refaire le chemin inverse à pied. Sans hésitation, nous avalons notre repas en vitesse pour nous rendre au port, au village même, à deux minutes de marche.

C'est dans un brouhaha complet que quelques dizaines de bateaux en bois, avec des voiles improvisées et trouées, s'entassent les uns à côté des autres. Ils sont chargés de denrées et de personnes à ras bord. Les capitaines sont affairés à collecter le tarif du trajet (l'équivalent d'un dollar par personne). Pendant ce temps, leurs matelots transportent les denrées et les gens sur leurs épaules jusqu'à la berge ou jusqu'au bateau. C'est ainsi que nous sommes pris sur l'épaule d'un homme costaud et inconnu, un à un, comme une poche de patate, depuis la berge jusqu'à un bateau déjà très rempli de sac de riz, de farine, de patates et de gens. Étant nous-mêmes le dernier chargement, nous partons sur-le-champ vers la Baie Feret où Calbodine se trouve.

Je me demande comment nous réussissons à flotter, l'eau entrant par moment sur le côté du bateau tellement celui-ci est chargé. Nous sommes une vingtaine de personnes, assis sur les dizaines de sacs de nourriture, dans une embarcation de moins de 20 pieds de long. Pas besoin de préciser qu'il n'y a pas de vestes de flottaison dissimulées quelque part. Là, c'en est trop ! Il nous faut une photo. Je demande à Pipi de prendre la photo pour moi, en nous incluant dans celle-ci. Cette image a provoqué une longue discussion enflammée entre tous les passagers à bord. Les femmes ne voulaient pas que leur visage apparaisse sur la photo et les hommes en étaient fiers. Il y a quelque chose de mystérieux à chaque fois que nous sortons la caméra. Comme si cette « boîte » pouvait voler l'identité des femmes.

Le capitaine nous conduit ainsi très habilement jusqu'à chez nous avec leur système de voile sur un bâton, de perches et de cordes. Une fois sur Calbodine, nous lui donnons quelques cordages usés que nous avons en trop à bord. À voir son sourire fendu jusqu'aux oreilles et ses yeux s'illuminer, il est visiblement content. Il repart fièrement avec son précieux trésor.

Ce soir-là, ayant une réservation au restaurant du jeune homme, nous quittons Calbodine rapidement pour nous rendre sur la terre ferme. Âgé d'à peine une vingtaine d'années, il nous prépare miraculeusement un met complet et succulent sur un feu au propane, dans deux chaudrons complètement tordus et avec le bout d'une planche de bois en guise de comptoir. Le tout est servi sur une table à pique-nique et des troncs d'arbre servent de chaises. C'est délicieux ! Du poulet, du riz, des bananes plantain frites avec une sauce ultra épicée accompagnée de quelques légumes locaux.

Le seul inconvénient est que nous mangeons au moment où les petits insectes du crépuscule éclosent. Ils nous dévorent à leur tour. Nous avalons rapidement notre festin et revenons sur Calbodine, à l'écart de tout insecte. Encore bouleversés de notre journée, nous nous endormons rapidement.

Impossible de rester seuls sur notre bateau. Nous sommes continuellement entourés d'Haïtiens du matin au soir. Curieusement, il y a quelques autres voiliers dans la baie mais nous ne voyons pas d'équipage. Peut-être que les occupants ont peur de sortir de leur bateau, mal à l'aise avec ce contraste énorme de coutumes. Géographiquement bien placés, ils ne restent ici que pour se reposer et reprendre la mer. En tout cas, nous, nous ne nous privons pas de ce riche échange culturel avec les Haïtiens. Nous les accueillons à bras ouverts. Ceux qui nous connaissent un peu mieux montent à bord, s'assoient et restent. D'autres viennent encore nous voir. Nous leur ouvrons nos portes sans aucune attente et nous sommes accueillis chaleureusement en retour. À bord de Calbodine, Walace, Betsy et Nelson partagent leurs quelques jouets avec les enfants du coin. Ils dessinent des bateaux et font des casse-tête avec des blocs.

Puis me vient une envie irrésistible de redonner au suivant. Nous proposons à Pipi de rassembler quelques enfants pour leur donner un peu de linge que je pourrais trouver à bord. Je trie sérieusement tous nos tiroirs et je finis par remplir un gros sac à poubelle noir à ras bord. Il y a du linge pour adultes et pour enfants ainsi que quelques draps que nous n'avons jamais utilisés.

Après le dîner, nous apportons notre paquet sur la place centrale et je sens que le village entier y est. Les plus curieux sont tout près de nous. Les plus méfiants sont cachés derrière un bâtiment ou un arbre. Pipi se charge d'expliquer notre don. Il verse le contenu du sac à l'envers. Plus personne n'ose bouger. Ni les enfants, ni les grands, ni nous. Silence. De longues secondes s'écoulent lentement, à se regarder discrètement. Puis Pipi prend un chandail de la pile et le donne au hasard à un petit garçon. En l'espace de quelques secondes, les chandails volent entre les mains et les pantalons sont presque déchirés, tiraillés entre plusieurs futurs propriétaires. Les enfants et nous-mêmes en sommes bouche bée. Nous observons cette scène juste devant nous, ébahis. Nous ne voyons maintenant qu'une empilade de gens. La grosse pile de vêtements a disparu dans l'espace d'un clignement d'œil. Le plus drôle est que le lendemain, nous voyons tous nos morceaux de linge marcher un peu partout au village. Nous sommes très heureux d'avoir donné une deuxième vie à notre linge. Les enfants sont très fiers d'avoir contribué à cette fête improvisée !

Après cette distribution, nous restons sur la place centrale, assis par terre avec les enfants, ramassant des coquillages et formant des châteaux. Martin discute plus loin avec les hommes. Je nous sens acceptés parmi eux. Nous avons ouvert notre cœur simplement, avons mis nos préjugés de côté et nous sommes accueillis par un peuple honnête et souriant. Nous restons ainsi quelques heures avec eux, simplement. Sans regarder le temps, pas pressés de partir. Je regrette de ne pas savoir jouer de la guitare qui aurait eu un effet encore plus rassembleur. Mais nous nous débrouillons bien avec ce que nous avons et vivons un moment magique. Betsy se fait jouer dans les cheveux par les adolescentes, ici déjà femmes. Nelson fait un château de coquillages avec les enfants et Walace creuse dans le sable, accompagné de plusieurs autres « ti-mounes ».

Un papa s'approche de moi avec son bébé d'environ un an et demi dans les bras. Il me demande de l'aide, il me demande des médicaments. Ouf ! Mon cœur se serre de pitié. La pauvre fillette a besoin de bien plus, j'en ai peur. Elle a de gros abcès puants au visage et les yeux vitreux. Elle semble infectée de parasites ou atteinte d'une maladie infantile. Je suis désemparée. Je lui donne un fond de tube de Polysporin, en vain, le cœur déchiré de ne pas être capable d'aider davantage cette petite fille et son papa.

Nous ne réalisons pas souvent la chance que nous avons de vivre dans un pays ayant un système médical tel que nous le connaissons. Plusieurs d'entre nous ne seraient même plus en vie, incluant notre propre petit garçon asthmatique, si ce n'était des hôpitaux et des médicaments modernes auxquels nous avons le luxe d'avoir accès. Nous prenons pour acquis ce système médical qui sauve des vies et nous trouvons le moyen de le critiquer abondamment, pendant qu'ici, il n'y a même pas de soin possible. Je suis pleine de gratitude mais aussi de mépris pour les écarts si injustes, si gros, de notre monde moderne. Je me sens totalement impuissante.

Nous hésitons à nous rendre sur la terre ferme, dans la véritable Haïti. Mais sachant que nous ne reviendrons pas de sitôt dans ce pays, nous demandons tout de même à Pipi et Colby de nous accompagner sur l'île principale. Nous voulons expérimenter la vraie Haïti et ces ouï-dire. Nous nous rendons à la ville Les Cayes, population de 86 780 en 2015, directement en face de notre emplacement. Nous en profiterons pour remplir deux jerrycans de diesel.

Nous traversons les quelques 6,5 milles nautiques (10,5 km) qui nous séparent de la côte. Nous devons prendre un bateau taxi (lire ici chaloupe en bois peinturé) pendant 45 à 60 minutes avec un moteur hors-bord de 50 forces dont l'état n'a rien pour nous rassurer. Au moins, ici, il y a des vestes de flottaison. Nous nous abritons sous une bâche bleue rapiécée, recollée et trouée à plusieurs endroits, pour éviter d'arriver tout mouillés d'eau salée.

Plus nous approchons de la côte, plus nous observons un triste constat. Betsy remarque la première l'ampleur des débris, morceaux d'anciennes maisons, linges, poubelles mêlés aux cochons et aux humains, jonchant la berge dans ce bordel nauséabond. Il n'y a pas de végétation. Il n'y a pas de plage. Tout est gris. Tout est sale. Ça pue même d'ici. Nous observons tous tristement la scène, sans paroles. L'eau est si brune que je me demande à quel point elle est polluée.

Puis vraiment près de la côte, à une soixantaine de pieds, nous transbordons sur une petite plate-forme en bois rafistolée que le capitaine manœuvre à l'aide d'une perche. Il nous dirige très habilement à une dizaine de pieds de la côte. Cela grouille de monde. Les embarcations se faufilent entre elles et entre les hommes qui débarquent ou embarquent les chargements. Puis deux ou trois hommes s'approchent de nous, les pieds dans l'eau. Ils nous prennent sur leurs épaules comme une poche de patates et nous emmènent jusqu'à terre sans que nous ayons à toucher l'eau. Je ne peux m'empêcher de rire aux larmes de voir Martin se faire trimbaler de la sorte, les fesses en l'air !

La ville est grosse, chaotique, désorganisée, malpropre et la sécurité comme nous la connaissons est nulle. Nous sommes sur nos gardes. Les motos et les voitures virevoltent très près autour de nous. Nous marchons rapidement dans les rues, encore délabrées suite au terrible tremblement de terre de 2010 et de l'horrible ouragan Matthew de 2016. Certes, la ville et ses habitants ont repris vie autour des vestiges de cette nature puissante mais je me demande si elle pourra un jour se reconstruire. Je suis en admiration devant le courage et la résilience de ce peuple. Les maisons restent détruites par endroit, le sol parfois ouvert et les ruelles démolies.

Je tiens les enfants tout près, sentant un danger plus imminent. Nous marchons plus vite, forcément, et nous allons droit au but. Il y a beaucoup de monde, tous affairés, certains riches, d'autres pauvres. La différence est marquée. Nous voyons quelques blancs très indépendants.

Martin en profite pour aller dans une banque afin d'avoir de l'argent papier avec nous. Les guichets n'existent pas ici et les commerces locaux n'acceptent pas les cartes de plastique. Une bande de policiers armés jusqu'aux dents surveillent l'intérieur et l'extérieur de cette banque qui est complètement cachée de l'extérieur. La seule chose que je sais est que ça prend au moins 30 minutes à Martin pour retirer quelques centaines de dollars américains qu'un homme sur l'île à Vache nous échangera en gourde, la monnaie locale.

Nous nous promenons dans quelques ruelles où l'on vend des marchandises locales et mangeons dans un casse-croûte une cuisine traditionnelle : bananes plantain frites, poulet grillé, salsa épicée. Pipi est extrêmement patient avec nous. Une fois que Colby nous rejoint avec nos deux jerrycans remplis de diesel, nous reprenons le chemin du retour. Nous avons un bon aperçu de la ville. Nous n'avons pas le goût de nous aventurer plus loin inutilement. L'île à Vache nous convient parfaitement.

À peu près à mi-chemin du retour en bateau, une embarcation moderne vient nous rejoindre à plein gaz et, à l'aide d'un porte-voix, ordonne à notre pauvre capitaine de faire demi-tour. Plus elle approche, plus nous pouvons distinguer une bande de policiers en cagoules, armés de mitraillettes jusqu'aux dents, qui nous suit dangeureusement.

Nous nous sentons comme en plein film de *Miami Vice*. Sauf qu'ici, il manque clairement les caméras. C'est du vrai de vrai. Et nous sommes les vilains. Nous sommes sincèrement terrifiés. Nous n'avons pas nos passeports sur nous. Nous n'avons pas enregistré notre navire au pays car le gouvernement est des plus corrompus. Je me sens fugitive. Martin est mal et se tortille sur son siège de bois. Nous n'osons pas regarder les policiers de peur qu'ils nous tirent dessus. Personne ne parle dans notre embarcation, tout le monde à l'air mal à l'aise. Nous ignorons la raison de ce revirement.

Parmi l'équipage de policiers, nous finissons par entrevoir du coin de l'œil, derrière sa cagoule, un homme « blanc » qui porte une épaulette canadienne. Nous qui évitons les Canadiens en voyage, nous n'avons jamais été aussi heureux d'en voir un. Une fois revenu au port de Les Cayes, 30 minutes plus tard, nous débarquons tous de notre embarcation. Nous sommes tellement soulagés lorsqu'il vient nous voir directement et commence à nous parler en français, en québécois en plus !

Pendant que les policiers fouillent les habitants pour le trafic de drogue et d'armes à feu, il nous prend en retrait. Il a l'air soulagé de pouvoir enfin parler dans sa langue de son histoire, de son aventure, de son ennui de la patrie, de son quotidien. Il se libère et nous l'écoutons sans l'interrompre. Il ignore totalement l'immense soulagement qu'il nous procure à ce moment précis.

Ici en mission pour un an, il nous explique sa vie quotidienne. Il semble désabusé de la corruption à haut niveau. Il est découragé et désillusionné au sujet des fonds d'organismes à but non lucratif qui restent « bloqués » par le gouvernement bien avant d'arriver dans les poches des habitants. Il est répugné de son impuissance. Il est de plus en plus difficile de croire aux grosses organisations et de leur faire confiance en entendant son témoignage.

Pour le chemin du retour, quelques-uns ne peuvent revenir sur l'île à Vache. Leurs papiers d'identification étant incomplets ou de la drogue ayant été trouvée sur eux, nous ne cherchons pas à savoir. Mais nous sommes extrêmement contents de retourner sains et saufs, quelques heures en retard, sur l'île à Vache. Ce coin de pays demeure un réel paradis caché. Là où le bruit est encore absent, mis à part le vent dans les palmiers. Là où la rapidité est inexistante, sauf quelques poules qui courent autour d'un ver. Là où la tranquillité d'esprit est omniprésente et où les gens s'entraident encore.

Mon seul regret restera de ne pas être demeurés plus longtemps parmi eux à vivre selon leur rythme. Nous devons continuer notre chemin pour nous éloigner de la zone des ouragans avant le premier juin. Maintenant que la glace est brisée et que nous nous sommes apprivoisés, nous quittons leur île enchantée dans l'espoir de revenir un jour ou l'autre, avec cette fois une connaissance minimale du créole, quelques vêtements supplémentaires à donner et un masque d'apnée pour notre pêcheur de langoustes !

« Ce que vous appelez intuition, c'est votre âme qui vous parle, alors faites-lui confiance. »

– Auteur inconnu

CHAPITRE 12 | SUIVRE SON INTUITION

4 mai 2017 — Baie à Feret, Haïti

Notre départ de la Baie à Feret est rapidement interrompu par un filet de pêche enroulé dans l'hélice avec quelques dizaines de bouteilles de plastique. Après avoir mis Calbodine à la cape, Martin plonge à l'eau pour couper ce filet et nous reprenons aussitôt notre chemin. Fébriles, nous voilà en route vers un nouveau pays, supposé être bien différent du précédent : la République dominicaine. Gardant nos attentes au minimum, nous planifions rejoindre la première ville, Barahona, dans à peu près 35 heures de navigation. La réalité nous frappera au visage sans pitié, 76 heures et demie de navigation plus tard...

Pour notre premier segment, nous avions planifié dormir à Jacmel le soir même, après une belle journée de voile d'environ huit heures. Nous finissons par arriver à destination 26 heures plus tard. Ça fait mal aux méninges de passer la nuit debout à naviguer face au vent quand nous avions anticipé de dormir confortablement au mouillage. Ici même, nous décidons d'arrêter d'estimer nos déplacements en heures comme nous le faisons en voiture ou dans le canal Intra Costal. Désormais, nous devons planifier nos déplacements en jours, comme il le faut en mer à la voile. C'est beaucoup plus facile pour le moral, la patience et l'humeur en général. Car le corps suit seulement si l'esprit tient bon.

Pour bien apprécier nos déplacements en voilier, nous devons absolument oublier cette idée de connaître les heures exactes de départ et d'arrivée. Difficile d'en connaître une, impossible de connaître les deux ! Nous devons vivre en symbiose avec la météo, se déplacer selon le vent, le courant, les vagues et avec ces éléments. Nous devons ralentir et apprécier cette lenteur, ce rythme dicté par la nature. Nous devons respecter notre environnement et avancer avec lui et non contre lui. Alors seulement là, nous pourrons pleinement apprécier le moment présent et la lenteur de nos déplacements. Après 9 mois, il est à peu près temps que nous modifions nos attentes...

Avant de quitter Haïti, j'avais demandé à Pipi de m'enregistrer de la musique locale car leur musique est si belle et entraînante. N'ayant qu'un seul disque dur externe, je lui prête le seul que j'ai : celui qui contient tous nos dossiers ainsi que toutes nos photos personnelles. En route, je m'installe pour mettre la musique sur mon ordinateur et j'ai comme un mauvais pressentiment. Je lui ai prêté mon disque dur externe où toutes nos photos, depuis la naissance de nos trois enfants, depuis près de 12 ans, sont sauvegardées précieusement. En ouvrant mon disque dur externe, je ne trouve plus mes photos. Aucune. Plus rien ! Juste quelques chansons haïtiennes. Je fonds en larmes immédiatement, me maudissant d'avoir pu faire une pareille connerie. Je pleure sans arrêt, incapable de m'arrêter, en me criant des bêtises. Comment ai-je pu faire ça ? Et comment se fait-il que je n'aie pas de double de ce disque dur si précieux ? Je n'ose plus y toucher et je le range bien enfoui, en maudissant plus d'une fois... Au diable la maudite musique que j'ai maintenant juste le goût de lancer par-dessus bord. Quelques heures plus tard, j'ai un faible espoir qu'un doué en informatique puisse trouver un moyen de sauver toutes nos photos.

Notre deuxième segment consiste à traverser le Cap Beata, situé à la pointe sud de la République dominicaine. Ce cap s'étend à plus d'une quarantaine de milles nautiques au sud de la côte, dans la mer des Caraïbes. Avec le vent et le courant dominant en pleine face, nous le redoutons depuis notre départ de l'île à Vache. Le vent tend à doubler voire tripler de force. De plus, ce cap provoque une forte augmentation de courant et de vagues. C'est ce qu'on appelle l'effet de cap. Nous avons ancré pour la nuit juste derrière l'île Beata pour partir le lendemain matin très tôt afin d'éviter, en plus, la brise forte d'après-midi.

Nous commençons ce passage avec un vent très faible qui augmente rapidement à F6 sur l'échelle de Beaufort[13] dans la zone d'effet. Le vent s'est levé et les vagues sont blanches, mais il n'y a rien de trop épeurant. L'expérience doit commencer à rentrer tranquillement. Il fait jour et nous nous sentons en contrôle. Pendant ces quelques

---

[13] Le tableau de Beaufort est en Annexe A

heures de montagnes russes naturelles, nos sens s'unissent avec le mouvement du bateau. Debout derrière la barre, nous nous émerveillons par la solidité de tous les composants du bateau, étroitement reliés pour assurer un équilibre et une fiabilité extrêmes. Les enfants s'amusent dans ce mouvement continu. Nous sommes soulagés d'être dans des conditions pas trop intenses.

Depuis notre départ d'Haïti, nous suivons un navigateur solitaire anglais et son joli voilier. C'est amusant de se suivre et de se rencontrer à chaque nouveau mouillage. Je me dis qu'il doit être bien fatigué de naviguer seul. Martin me convainc rapidement qu'il doit être en bien meilleure forme que nous, sans enfants à nourrir, abreuver, nettoyer, éduquer, brosser, jouer, amuser, distraire, rassurer, aimer, discipliner, soigner, surveiller, etc., 24 heures sur 24, 7 jours sur 7. Je pouffe de rire, je crois qu'il a peut-être raison ! Nous nous lions d'amitié avec ce Paul qui adopte nos enfants pendant ces quelques semaines passées en sa compagnie.

Je rêve maintenant d'arriver à bon port et de nettoyer notre voilier de fond en comble. Je rêve de laver abondamment, à l'eau douce, l'intérieur et l'extérieur de Calbodine avec un accès illimité à l'eau courante, sans me préoccuper de ne prendre qu'une petite quantité d'eau. Je rêve de laver nos vêtements, les draps et les serviettes humides et salées, les salles de bain qui puent, la cuisine encrassée, les murs sales, les planchers souillés et les cales mouillées. D'enlever l'humidité et le sel qui s'est incrusté dans chaque petit coin de chaque petite pièce depuis la Floride. Ce sel qui détruit tout au passage. Qui ravage le métal, le bois, la fibre, le tissu, chaque pièce d'équipement, aussi bien caché qu'il puisse être. Même nos manteaux bien enfouis dans des sacs de compression au fond des cales ressortiront souillés des mois plus tard. Ce sel qui s'infiltre dans tous les compartiments et souille tout ce qu'il touche. Qui fait rouiller chaque outil bien rangé dans les coffres. Même si nous évitons d'entrer dans le bateau mouillés d'eau salée, l'air reste abondamment salé et il s'infiltre partout. C'est un recommencement perpétuel.

Je rêve aussi d'un nettoyage en profondeur de mon corps avec de l'eau chaude courante pour nos cheveux fourchus de sel, d'un rasage complet, d'une manucure maison et d'un nettoyage de mon esprit en manque subit d'eau chaude abondante et naturelle. Après tout, une longue douche n'est pas trop demander après quelques mois de lavage miniature à bord avec un seau, non ?

Avec cette envie devenue obsessionnelle, nous continuons notre lente progression vers Barahona. Nous effectuons de multiples virements de bord. Nous constatons avec un dégoût grandissant la quantité de déchets qui flottent dans la mer. À vrai dire, ce n'est que du plastique qui flotte. Bouteilles de shampoing, de revitalisant, de savon, de crème à raser. Des bouteilles d'eau, des sacs de plastique qui ressemblent à des méduses. Des bouteilles par milliers, de toutes les grosseurs et de toutes les couleurs, ballottent dans les vagues tout autour de nous.

Nous naviguons dans ce mélange de pollution de plastique aggloméré dans les algues marines. Dans la mer des Caraïbes. Dans cet univers sous-marin autrefois riche et pur. Nous sommes totalement écœurés, dégoûtés, répugnés. Nous sommes sans mots. C'est comme si nous venions d'arriver sur une scène d'après-guerre, où nous réalisons l'ampleur de nos conneries. Sauf qu'ici, c'est notre monde, notre environnement, nos océans, notre planète entière qui paye le prix. La seule et unique planète que nous avons. Et il n'y a pas de plan B possible. Un début d'activisme prend forme en moi.

Nous arrivons enfin à Barahona, République dominicaine, vers minuit et demi, soit 388 milles nautiques plus loin et cinq jours plus tard. Nous ancrons à l'extérieur de la baie étant donné l'absence flagrante de visibilité et le manque d'aide à la navigation. Nous rangeons sommairement le bateau et nous nous servons deux rhums coco avec un énorme bol de maïs soufflé encore chaud. Nous savourons notre arrivée dans ce nouveau pays. Nous nous couchons aux petites heures du matin.

9 mai 2017 — Barahona, République dominicaine

Le lendemain, avant même le café du matin, nous avons l'urgence de nettoyer sans plus attendre le bateau avec une adrénaline indescriptible. Tout y passe ! Murs, planchers, plafonds, tiroirs, chaque armoire de chaque pièce, y compris le nettoyage complet des cales, en enlevant tout le contenu de chaque contenant et en nettoyant le tout. Les vêtements souillés sont dans de grosses poches pour le lavage. Les serviettes sont prêtes au nettoyage. Les draps sont sortis pour se faire aérer. Il ne reste que nos corps à laver ! Le bateau est tout rangé. Ça sent bon, enfin et ça respire le frais.

Après un lunch rapide, nous déplaçons Calbodine dans la minuscule baie de Barahona. À peine l'ancre prise, quatre douaniers nous font signe furieusement d'aller les chercher, au bord de la berge. Pas plus de quelques secondes après leur montée à bord, ils nous demandent du rhum, de la bière et un pourboire, pour chacun d'entre eux. Vive les îles aux bananes, qu'on se dit d'un clin d'œil, Martin et moi. Ils nous montrent une photo satellite de notre bateau, indiquant notre numéro de AIS et le nom de notre voilier, dans la Baie de Jacmel, Haïti. Ils nous demandent les papiers de sortie de Haïti. Nous n'avons que ceux des Bahamas. Nous leur disons que nous ne nous sommes arrêtés à Haïti que pour se reposer, la loi du navigateur nous protège. Un navigateur a le droit de jeter l'ancre pour se reposer dans une baie et reprendre ses forces sans entrer officiellement au pays. Nous devenons légèrement méfiants. Est-ce qu'ils peuvent réellement nous espionner ?

Un des officiers nous propose de venir nous chercher dans un ou deux jours pour nous accompagner en voiture à un lac d'eau douce qui abrite des crocodiles. Les enfants et moi aimerions y aller alors nous discutons d'un prix possible. Peu après leur départ, nous observons un triste constat. Nous sommes mouillés au fond d'une petite baie remplie de poubelles flottantes et à demi-flottantes. L'eau est brunâtre, opaque, sent mauvais et les mouches à merde sont envahissantes et assurément plus nombreuses que les poissons, s'il en reste. L'énergie de cette baie est étouffante, asphyxiante.

Nous voulons absolument nous dégourdir les jambes. Après cinq jours de bateau, nous sortons explorer aussitôt que les douaniers partent de chez nous. Nous sommes accueillis par Fernando, un petit homme vif qui sait prendre avantage de la situation. Il nous offre avec empressement ses services de guide que nous acceptons pour le lendemain. Pour le moment, nous voulons seulement marcher tranquillement, observer, sentir, découvrir à notre rythme ce nouveau pays et s'évader doucement. Aujourd'hui, il nous échange quelques dollars américains en pesos dominicains. Barahona est un village typique de ce coin de pays et nous ne voyons aucun touriste, sauf Paul. Il n'y a pas d'hôtel tout près, ni de marina donc pas de douche publique. Je me dis qu'au moins, nous vivons la vraie République dominicaine. Un peu déçus, notre longue douche chaude devra attendre.

Nous marchons plus rapidement qu'envisagé dans ce fouillis de gens, d'animaux et de voitures qui roulent à toute vitesse. Il n'y a aucun feu de circulation nulle part, ni d'arrêt. Nous ne comprenons pas comment les gens réussissent à vivre et à survivre dans ce chaos complet. Nous sommes finalement sur le gros nerf. Nous qui voulions relaxer dans un parc, nous revenons plus vite que prévu sur notre voilier. Nous terminons la soirée à partager un bon repas avec Paul sur une note bien plus tranquille.

Après une nuit entrecoupée de musique venant de plusieurs systèmes de son plus forts les uns que les autres, nous nous gâtons de crêpes Suzette faites maison avec des plantains. Délicieux déjeuner réconfortant pour bien commencer la journée. Puis nous rejoignons la terre où Fernando nous attend patiemment. Nous déposons nos poches de linge puant à la « lavaderia » (laverie). Heureusement que l'espagnol revient vite car nous sommes dans une ville que très peu de touristes fréquentent et donc où l'anglais n'est pas pratiqué. Puis nous nous rendons au marché extérieur.

Nous sommes en extase devant ce grand marché rempli de beaux légumes colorés, de fruits juteux, de légumineuses et de graines, de quelques remèdes de grand-mère inconnus et d'épices odorantes. Nous salivons juste à l'idée de manger une salade mélangée fraîche et croquante. Nous nous promenons quelques heures dans ces rues et ruelles entrecroisées d'où émanent des odeurs parfois enivrantes, parfois nauséabondes, dans cette chaleur étouffante à laquelle nos corps s'habituent. Pour quelques dollars, nous remplissons nos sacs à dos de fruits et de légumes frais et retournons au bateau.

Puis une fois à bord, nous échangeons nos vivres contre deux jerrycans de diesel et retournons au port en dinghy. Après avoir rempli le carburant, nous retournons au bateau déposer nos jerrycans pour revenir en ville aussitôt. Cette fois-ci, pour une glace fruitée promise aux enfants. Nous trouvons le parc central pour s'asseoir tranquillement. Mais la ville est tellement bruyante et cacophonique que nous ne relaxons pas réellement. Au moins, la glace est rafraîchissante. Nous revenons en fin d'après-midi au bateau infesté de mouches. Nous mangeons rapidement une bonne salade à l'intérieur du bateau chaud et lourd. Nous nous rinçons en flèche à l'eau douce et nous nous couchons très tôt.

L'humeur n'est pas à son meilleur. Les enfants demandent d'aller à la plage et j'aimerais sincèrement y aller moi aussi. Mais l'eau est sombre, opaque, puante et la plage est couverte de débris. Il n'y a pas un pied carré sans poubelles, sans bouteilles de plastique qui traînent un peu partout. Nous sommes dégoûtés. Pas question de se baigner dans cette eau insalubre. Nous passons donc l'avant-midi à prendre soin de nos cheveux. Coupe très courte pour les trois garçons. Betsy se mérite aussi une coupe courte pour limiter les rastas naturels. Nous nous appliquons tous une bonne couche d'huile de coco dans l'espoir d'éliminer les nœuds que le sel, le vent et le soleil forment continuellement dans nos cheveux. Puis nous les lavons longuement avec des chaudières d'eau potable, sans se priver. Nous n'avons jamais eu les cheveux aussi soyeux !

Un peu plus léger, nous sortons en ville manger un sandwich au café du coin. Paul nous a conseillé d'essayer leurs jus de fruits délicieux et généreux. Nous commandons notre repas et trouvons place dans ce petit restaurent qui peut contenir une trentaine de clients. Avec un accès Wifi, nous en profitons pour regarder la météo à venir, donner des nouvelles et lire nos e-mails. Ça fait deux semaines que nous n'avons pas eu internet. Totalement absorbés par nos téléphones, nous manquons le début d'une querelle juste derrière nous.

Deux hommes et une femme crient de plus en plus fort. Au début, nous ne portons pas attention. Tout le monde crie tout le temps par ici ! Rapidement, le ton devient fort et urgent. Puis, en levant les yeux de nos téléphones, les chaises commencent à s'envoler. La femme saute sur le dos d'un des hommes. J'entends le mot « pagar » (payer) et aussitôt, vlan ! Un revolver à la main, la panique générale monte immédiatement. Tout le monde crie. Un homme renverse presque notre pauvre petite Betsy qui regarde ce spectacle violent sans pouvoir prononcer un mot. Comme au ralenti, je prends Betsy entre mes jambes pendant que Martin pousse cet homme hors d'atteinte de notre petite fille. Puis je vois le regard apeuré de mes deux petits garçons, de l'autre côté de la table, debouts, le dos collé contre la vitrine. Leurs visages marqués d'effroi, ils sont témoins d'une bataille de rue qui escalade beaucoup trop vite.

Nous sortons par la porte de côté avec un empressement sans précédant, laissant derrière nous nos sandwichs payés bien chauds. Nous nous éloignons rapidement, voulant éviter à tout prix une balle perdue. Nous entendons quelques voitures s'enfuir au loin. Notre vie aurait pu basculer tragiquement dans l'espace de ces quelques secondes. Je comprends mieux comment certains touristes peuvent malheureusement se retrouver au mauvais endroit au mauvais moment dans certains pays.

Le cœur à l'envers et l'estomac dans les talons, nous nous arrêtons plus loin manger un poulet trop sec et du riz devenu croustillant. Disons que nos standards ont dû baisser et qu'à 1400, nous avons tous faim pour n'importe quoi. Nous discutons de ce qui vient de se passer avec les enfants, leur expliquant les risques, les causes probables et que nous n'y sommes pour rien. Mais que nous devons tout de même rester vigilants. Nous discutons aussi du système policier corrompu, très différent de chez nous et que c'est essentiel de trouver une sortie rapidement. Ça ne sert à rien d'ignorer ce qui vient de se passer et de ne pas en parler. Les enfants apprécient la discussion et y participent vivement. Nous en parlons jusqu'à ce que toutes leurs interrogations aient reçu une réponse. Ça fait toujours un peu moins peur quand on en connaît un peu plus...

Puis nous commençons une course folle autour de la ville. Nous recherchons d'abord un magasin de cellulaire afin d'obtenir une carte SIM. Avec notre antenne Wirie, nous devons insérer une carte SIM locale pour avoir accès à internet depuis notre bateau. Au magasin de téléphone, notre iPad est figé et nous sommes incapables de trouver le numéro nécessaire pour la configuration de notre nouvelle carte. Nous retournons à un autre restaurant avec un accès Wifi afin de trouver ce numéro nécessaire. Nous retournons au magasin de cellulaire avec le numéro en main pour finalement ne pas avoir assez d'argent comptant. Nous marchons jusqu'à une banque et attendons notre tour pendant au moins une quinzaine de minutes. Le préposé nous dit tout bonnement que nous ne pouvons pas retirer de l'argent avec une carte de crédit. Quoi ? Nous devons chercher en ville une machine ATM. Martin se rappelle d'en avoir vu une près de la pharmacie hier. Nous repartons à la recherche de la pharmacie et retournons au magasin payer notre dû, deux heures plus tard. Un peu écœurés, nous allons chercher du pain et notre lessive propre. Les enfants, très patients, se payent une glace fruitée avec leurs propres sous et nous retournons au bateau, exténués.

Au quai, nous croisons l'officier du début qui nous attend. Il veut une avance de fonds pour notre excursion aux crocodiles du lendemain. Il nous dit d'amener nos passeports avec nous, juste au cas où nous rencontrerions un poste de contrôle. En lui donnant les 30 $, j'ai un de ces mauvais sentiments qui m'envahit les tripes, qui m'empêche de respirer normalement et qui m'étouffe le cœur. Et s'il nous amenait quelque part pour nous vendre, pour nous battre, pour nous violer ou pour nous kidnapper et demander une rançon ? Je ressens une mauvaise énergie.

En rejoignant notre dinghy, un autre officier nous pose plein de questions sur notre bateau et sur notre vie personnelle. Il a l'air louche. Souriant, carabine à l'épaule, il prend nos enfants par les bras pour les descendre dans le dinghy qui flotte quelques mètres plus bas, à marée basse. Avec une haine grandissante, j'ai juste envie de lui hurler au visage de ne pas toucher à mes enfants.

Ce soir-là, Martin me confie qu'il a un mauvais *feeling* par rapport à notre excursion. Il a peur de retrouver, à notre retour, Calbodine complètement ravagée, détruite, pillée, volée ou totalement disparue. Je lui avoue d'avoir peur de ne pas revenir. Nous avons tous les deux la forte impression qu'un complot se prépare. Nous n'aimons pas l'énergie qui se dégage d'ici. Il est grand temps pour nous de dégager d'ici !

Le lendemain matin, 0700, je suis au rendez-vous du départ avec une bouteille de rhum en m'excusant auprès de l'officier. Je lui dis que nos trois enfants ont dû attraper un virus et qu'ils ont tous la diarrhée. Il me confirme que ce n'est effectivement pas la meilleure journée pour une excursion dans sa voiture. Nous ne savons pas quelle sorte de pouvoir ils ont dans ce pays alors nous aimons mieux les garder dans notre poche. Martin retourne au fichu magasin de téléphone pour fixer le fichu internet qui ne fonctionne pas encore. Il achète quelques légumes, un régime de bananes malgré la mauvaise réputation des bananes à bord d'un bateau, et obtient nos papiers de sortie.

1200, nous levons l'ancre remplie de débris et de cochonneries. Rapidement, nous nous éloignons de ce port avec une énergie nouvelle et une diarrhée subitement disparue. Un fardeau tombe au fur et à mesure que nous nous écartons de cette baie. C'est peut-être de la paranoïa ou un concours de circonstances, mais les crocodiles devront attendre...

*« Mieux vaut prendre le changement par la main
avant qu'il ne nous prenne par la gorge. »*

– Winston Churchill

CHAPITRE 13 | CONSOMMER INTELLIGEMMENT

12 mai 2017 — Barahona, République dominicaine

Plus nous nous éloignons de cet endroit, plus notre sourire revient. C'est fou comment une énergie extérieure peut autant nous affecter. Nous profitons de cette journée de voile magnifique pour nous rendre à Las Salinas, DR. Les conditions sont parfaites, nous parcourons 34 milles nautiques en peu de temps. Dans ce segment, nous passons fièrement nos 3000 milles nautiques parcourues depuis le début du voyage.

Las Salinas a une belle grande baie, mais l'eau reste opaque. Au moins, dans cette baie, nous ne voyons pas tant de pollution et les mouches sont parties. C'est une toute petite ville. La nuit est quand même entrecoupée de différents stéréos en sourdine jouant différentes musiques latines plus fortes les unes que les autres.

Le lendemain, vue l'absence de plage, nous profitons de la piscine d'un hôtel. Paul se joint à nous et nous y restons la journée entière. C'est quand même agréable de se baigner dans une piscine. Pas de poissons ni de requins dont il faut se soucier. Les enfants en sortent complètement ratatinés. Une autre nuit musicale nous empêche de dormir confortablement et nous reprenons la mer dès le matin en quête d'un monde meilleur.

Boca Chica. Nous arrivons un vendredi après-midi et nous entendons la fête avant même d'y parvenir. La baie est super bien protégée et l'entrée est très étroite. Apparemment, c'est aussi l'endroit où les locaux viennent passer leur week-end à faire la fête. Nos guides papier nous avertissent de bien longer le quai. Martin avance tranquillement dans le canal étroit parmi les motomarines pressées et les bateaux à moteur qui ne ralentissent pas du tout. Ils semblent s'amuser à nous faire les plus grosses vagues possibles. Nous accrochons le fond au beau milieu de ce fouillis de bateaux et de gens saouls. Heureusement, nous réussissons à décrocher Calbodine juste en reculant.

Nous continuons notre avancée parmi cette fête de bateaux tel Daytona Beach en plein Spring Break. La musique est plus forte d'une embarcation à l'autre et la fête générale règne partout, et ce, de jour comme de nuit. Nous avons peur que les bateaux à moteur nous foncent dedans tellement ils vont vite. Les conducteurs ont tous l'air intoxiqués et il y a beaucoup de monde. Nous choisissons de prendre place sur le quai, étant un peu plus en retrait de ce bordel marin. Craintifs de quitter le bateau, nous restons à bord jusqu'au lundi, où la baie reprend son calme.

Tristement, nous constatons encore une fois à quel point la pollution est abondante. Les déchets sont partout, sur terre comme sur mer. Comme si les gens ici avaient plus d'argent pour consommer que leurs voisins haïtiens, mais pas la connaissance pour gérer leurs déchets adéquatement.

« *Sinistrement, les poubelles envahissent la côte, les fossés, les rues, les villages, même la mer à plus de 15 milles de la côte. Nous naviguons dans une mer de poubelles de plastique flottant. Je n'imagine pas le fond sous-marin et les pauvres animaux marins. Nous marchons dans des ruelles inondées de plastique, dans les villages pollués interminablement.*

Nous prenons conscience de l'impact de la consommation de plastique notamment, car celui-ci ne se désintègre pas et qu'ici, il y en a partout. Nous sommes désolés de constater un résultat aussi sombre et terrible de pollution. Nous réalisons que nous devons absolument faire attention à notre consommation au quotidien, une personne à la fois, afin d'éviter la catastrophe... ou au moins de la ralentir.

Il est bien difficile de s'imaginer un constat aussi terrible depuis l'Amérique du Nord, assis en haut d'une tour à bureaux. Nous pensons bien faire, en jetant nos matières recyclables dans nos bacs bleus... Mais qu'est-ce qui arrive réellement avec tout ce plastique ? Est-il vraiment recyclé ? Est-il possible que non ? Il faut non seulement le recycler, mais diminuer sa consommation à la source pour réussir à l'enrayer ! Nous devons arrêter d'acheter inutilement, faire des choix plus écologiques, réfléchir à chaque achat matériel. En a-t-on vraiment besoin ? Nous devons arrêter ce plastique à la source de la production. Trouver des solutions ! Trouver des alternatives qui ne détruisent pas notre planète !

Cette réalité de pollution est bien vraie. C'est une chose de faire ce constat sur les réseaux sociaux, dans les journaux, dans les médias. Mais le voir, le vivre, le constater et littéralement baigner dedans, ça, ça fait mal. Ça fait mal au cœur de voir notre planète souffrir parce que les humains la détruisent. Nous devons absolument arrêter l'utilisation de ces contenants de plastique, ces bouteilles d'eau jetables, ces emballages non nécessaires, ces pailles, ce styromousse, ces ustensiles en plastique, tout ce plastique à usage unique, etc.

J'ai le goût de crier à tout le monde d'en prendre conscience. Réveillez-vous! Faites attention! Même qu'il est peut-être déjà trop tard... J'ai le goût de secouer les entreprises pour qu'elles arrêtent d'emballer inutilement. J'ai le goût de hurler haut et fort que c'est notre responsabilité à chacun de faire attention à notre planète. Nous en dépendons tous intimement... Je veux enrayer furieusement tout ce plastique qui détruit nos océans que nous observons maintenant aux premières loges, tellement impuissants... Je veux faire une différence. Je veux enrayer ce fléau. Ça devient une obsession. Maintenant. À jamais. »

Minuit, nous sommes réveillés Martin et moi par un bruit. Nous avons la bizarre impression que nous devons sortir. Debouts sur le quai, nous voyons un voilier arriver au même moment. Il est très difficile d'accoster en pleine nuit noire et il arrive beaucoup trop vite. Il manque de peu d'accrocher le cul de Calbodine. Nous prenons leurs amarres et aidons ce couple belge retraité à accoster juste derrière nous. C'est ainsi que nous rencontrons un futur couple d'amis avec qui nous partagerons plusieurs belles conversations à différents endroits dans ce monde.

Une fois le *party* de la fin de semaine dissipé, nous nous risquons à une visite de Santo Domingo, ville historique déclarée Site du patrimoine mondial par l'UNESCO. Après près de deux heures de taxi, nous arrivons dans cette grande ville accompagnés de Paul. Nous nous sentons un peu comme chez nous dans le centre-ville : très touristique, riche d'histoire, passionnant et très semblable au Vieux-Québec. Nous croyons retourner à la maison le temps d'une journée ! Avec une architecture similaire, nous visitons avec grand intérêt cette ville où Christophe Colomb a mis les pieds en 1492.

En plus des musées historiques, nous visitons un musée du cacao, mangeons une pizza à croûte mince sur une terrasse et dégustons une crème glacée au café Rita. Pendant une journée, nous retrouvons la civilisation telle que nous la connaissons. On dirait qu'il y a peu de locaux ici. Il y a beaucoup de gens étrangers, plusieurs en visite, mais nous vivons une toute autre réalité comparée à Barahona. Quelle ville représente la vraie République dominicaine ? Mais c'est vrai que nous restons au centre-ville de Santo Domingo, donc dans la zone touristique.

Dès que nous sommes à terre, les paysans nous quêtent de l'argent constamment, soit simplement de leurs mains, soit en vendant toutes sortes de bébelles inutiles. Les chauffeurs de taxi nous harcèlent. Il faut dire que depuis notre arrivée ici, c'est loin d'être notre pays coup de cœur ! Pourtant, certains voyageurs ne jurent que par la République dominicaine. Il doit bien y avoir quelque chose de positif à voir ? Dans un élan de compassion ou de compréhension, je veux voir le positif de ce pays. Nous poursuivons donc notre chemin en voilier vers l'est.

Nous ancrons derrière l'île désertique Isla Catalina. Enfin, des plages paradisiaques tant attendues. De l'eau claire comme du cristal. Nous pouvons voir de loin le sable blanc de la plage sous les palmiers qui se balancent au vent. On sent l'excitation qui monte en nous. Après plusieurs minutes passées à tenter de s'ancrer convenablement, en reculant à plein gaz comme nous le faisons à chaque ancrage, nous coupons les moteurs.

Sans plus attendre, nous plongeons tous les cinq dans l'eau cristalline. Elle est chaude et vivante. Les enfants sont fous comme des balais. Nous aussi ! On se sent enfin revivre. Nager depuis notre bateau est probablement notre seul moyen de se sentir complètement libres. Mon envie irrésistible de douche chaude s'évapore tranquillement avec la possibilité de sauter à l'eau ainsi.

Tant qu'à y être, nous jetons un coup d'œil à l'ancre. En suivant la chaîne, quelle ne fut pas notre surprise de l'apercevoir déposée tout simplement sur un lit de roches plates, sur le côté, partiellement accrochée dans un corail. Celui-ci est ridiculement fort pour ne pas s'être arraché lorsque nous reculions à toute puissance avec le moteur. Nous nous demandons combien de fois dans le passé nous avons pu croire à tort que nous étions bien ancrés pour terminer ainsi.

Ici, nous sommes enfin seuls au monde. La houle est un peu plus forte mais au moins, il n'y a pas de musique tonitruante durant la nuit. Nous dormons tellement bien. Mais nous ne restons seuls, avec Paul, que le temps d'une nuit. Nous sommes tout près de Punta Cana et notre île fait apparemment partie des excursions de groupe. Les tours guidés arrivent après notre petit déjeuner en débarquant par dizaine sur la plage. Les touristes envahissent l'endroit sans plus attendre. Ça sent la crème solaire depuis le bateau. Nous ne pouvons pas nous empêcher de réfléchir à cette façon de voyager en grosse troupe et en tout-inclus. Nous comprenons que ça offre à certains la possibilité de voir ce genre d'endroits. Mais la beauté n'est réelle que si l'on est seul... Au moins, ils nous font profiter d'un énorme buffet américanisé délicieux. Ils repartent tout juste avant l'apéritif, rendant à l'île son état sauvage pour la soirée.

Quelques jours plus tard, nous reprenons notre trajet pour arriver à la Marina Casa del Campo. Habituellement, nous évitons les marinas car nous nous y sentons un peu trop coincés. Ici, nous devons nous amarrer cul-à-quai, méthode plutôt européenne. Un peu nerveux, Martin nous sécurise comme un champion, le cœur battant sûrement un peu plus fort que la normale. En tout cas, moi, je respirais plus vite à ses côtés.

Aussitôt amarrés, nous constatons un changement brusque. Nous venons d'arriver dans une toute autre réalité. Cette marina est très luxueuse et les bateaux de millionnaires s'entassent les uns à côté des autres. Elle fait partie d'un centre luxueux, incluant des hôtels, des résidences secondaires de célébrités, quelques terrains de golf, plusieurs piscines, des plages privées et un complexe historique qui fait briller le pays, les plages, la chaleur et le terroir. Elle est curieusement bien clôturée

de l'extérieur et elle est sournoisement surnommée la
« Golden Prison ». Il y a seulement deux portes d'entrée
constamment surveillées par plusieurs gardes. Mais cet
endroit ne représente pas du tout le pays ! Après tout,
c'est peut-être pour cette raison que c'est si populaire. En
tout cas, la douche est propre et chaude, et les piscines
sont superbes. À vrai dire, on s'habitue plus vite qu'on le
pense à ce luxe qui nous entoure.

Toutefois, nous sommes maintenant parmi la classe
de riches. Nous nous situons mal. Plus que jamais, nous
nous demandons pourquoi les gens aiment la République
dominicaine avec ses écarts de classes aussi grands. Est-
ce la nature humaine d'ignorer la réalité des pays pauvres
et de se regrouper dans des endroits familiers ? De recréer
un environnement peu dépaysant même sous le soleil
brûlant ? Le bateau est en sécurité, amarré dans cette
marina luxueuse qui, pourtant, ne coûte pas très cher.
Pour en avoir le cœur net, nous louons une voiture et
partons explorer l'intérieur de l'île pendant quelques
jours. Nous disons nos au revoir à Paul qui met les voiles
vers l'est.

L'île est belle de l'intérieur. Les montagnes sont
luxuriantes de végétation. Le vert des feuilles est
époustouflant. Nous conduisons le long des plantations de
café, de plantains, de cocotiers et de cannes à sucre. C'est
plaisant d'avoir une voiture pour quelques jours. Les
enfants trouvent que ça va vite ! Les paysans des petits
villages de 5 à 10 maisonnées sont fort sympathiques et
aidants. Nous passons une journée au Parque Nacional
Los Haitises. La végétation est magnifique. Nous voyons
des grottes et de l'art pariétal. Mais aussitôt que nous
nous retrouvons dans des endroits un peu plus

achalandés, les locaux nous harcèlent pour de l'argent. Nous nous sentons constamment agressés et bousculés. Les gens veulent constamment nous vendre des cochonneries. Pourtant, nous avons pris soin, en quittant la Floride, d'enlever tous nos bijoux et nous nous habillons le plus modestement possible. Nous voulons passer inaperçus mais il faut croire que notre peau ne parvient pas à bronzer suffisamment.

Puis nous revenons jusqu'à Punta Cana. Effectivement, les plages sont superbes avec le sable blanc et l'eau chaude. Mais elles sont envahies de complexes hôteliers en béton entassés les uns sur les autres. Le charme et la sérénité de la plage ont disparu avec ces constructions massives. Nous apercevons les locaux travailler et nettoyer la plage de tout débris très tôt chaque matin. Ils connaissent les standards recherchés par les touristes. Ici, il n'y a que des gens en vacances pour une semaine ou deux. Nous pourrions bien être aux Bahamas, au Mexique, à Miami, à Cuba, ça se ressemble à peu près partout. Nous ne vivons pas le pays réel.

L'exploration hors des zones touristiques, c'est ce qui nous fait grandir. C'est ce que nous recherchons en voyage, la culture différente et unique de chaque pays. Le contact avec les gens locaux et leurs façons de vivre. Leur alimentation et leur façon de cuisiner. C'est ce qui nous pousse à découvrir de nouveaux endroits où nous sommes souvent les seuls blancs voyageurs, à explorer ces endroits hors des sentiers battus afin de retrouver les gens qui vivent leur vie, simplement. Nous apprenons toujours de nouvelles façons, de nouvelles valeurs à chaque fois, si l'on prend bien le temps d'écouter et d'observer. C'est ainsi que nous pouvons continuer de grandir, de nous améliorer en tant qu'être humain, d'ouvrir nos horizons. Je ne veux pas partir en dénigrant ce pays mais nous avons beaucoup de difficultés à y trouver notre compte.

« *Sur terre, nous nous sentons perçus comme un portefeuille ambulant. Les gens sont agressifs, nous demandent constamment de l'argent. Plusieurs chauffeurs de taxi nous préviennent de faire bien attention aux chauffeurs de taxi. Heu... Un peu difficile de faire confiance à qui que se soit. Les gens sont peu respectueux de la nature qui les entoure. Il y a des déchets partout.*

De plus, les autorités ont mis en place un système de contrôle des arrivées et départs pour les navigateurs. Nous devons reporter à chaque fois nos entrées et nos sorties au cœur du même pays. Le problème là-dedans est qu'à chaque fois, les autorités nous demandent un pourboire excessif (non obligatoire) en insistant fermement. En plus, ils travaillent toujours à deux, trois ou quatre officiers. Ce système est très irritant pour notre liberté de navigateurs mais aussi pour notre portefeuille.

Aussi, il y a cette différence trop marquée entre les classes sociales riches et pauvres. La drogue est bien présente, même en plein jour et la violence aussi, bien flagrante. Entendre nos enfants constater et commenter la violence autour de nous nous écœure. Ce n'est pas nécessaire qu'ils en voient autant durant leur petite enfance et nous voulons les protéger de cette exposition inutile, dérangeante et possiblement traumatisante. Les villes sont extrêmement chaotiques. Sur mer comme sur terre, la pollution nous dégoûte.

Certes, il y a quelques beautés dans ce pays mais elles sont bien subtiles. Nous devons garder l'œil ouvert et le cœur bien grand pour les apercevoir. »

La fin du mois de mai approche à grand pas. Depuis quelques semaines, nous surveillons de très près la météo pour notre plus grand passage à vie, soit la mer des Caraïbes. Direction franc sud, à Bonaire, tout près du Venezuela, où nos attentes sont complètement nulles. Notre énergie aussi est presque nulle. Nous avons l'impression d'être en course folle contre la montre depuis notre départ de la Floride. Nous devons sortir de cette fameuse zone d'ouragans. La météo s'annonce favorable pour plusieurs jours consécutifs. À nous de jouer !

Nous voilà prêts à partir, prêts pour une nouvelle aventure. Nous sommes même soulagés de devoir partir. Nos papillons dans l'estomac grandissent. Nous sommes fébriles à l'idée d'être en pleine mer des jours durant. Nous jubilons à l'idée d'arriver dans un pays exotique et peut-être pouvoir y rester quelques semaines, voire des mois sans bouger ! Mais d'abord, nous devons traverser la mer des Caraïbes.

« Avoir la foi, c'est monter la première marche même quand on ne voit pas tout l'escalier. »

– Martin Luther King

CHAPITRE 14 | TRAVERSER LA MER DES CARAÏBES

28 mai 2017 — Casa del Campo, République dominicaine

Nous sommes prêts à quitter ce pays dès le lever du soleil, vers 0600. Mais nous devons attendre les officiers pour nos papiers de sortie. Un agent arrive, puis deux autres mais aucun d'entre eux n'a l'autorité pour nous donner l'autorisation nécessaire. Nous attendons patiemment le fameux monsieur en question. Après une attente qui nous paraît interminable et une contribution « volontaire » de 100 $ américains, nous sommes enfin prêts à partir à 1130. Soulagés, nous hissons les voiles, heureux de passer au pays suivant.

Étrangement, je ne suis pas nerveuse devant cette grande traversée. Je suis plutôt contente, calme et confiante envers Calbodine et son équipage. La météo n'annonce pas de changements importants pour la prochaine semaine. Nous resterons tout de même sur nos gardes pour les orages et les coups de vent possibles. Pour le moment, la mer est belle, le ciel est bleu, un vent de 15 à 20 nœuds souffle à 60°. Et nous quittons la République dominicaine. Un superbe après-midi de voile s'annonce devant nous. Perfection !

Le temps passe doucement et nous rêvons à l'avenir. Nous discutons tranquillement et admirons l'horizon tout en laissant la terre ferme derrière nous. Puis, les enfants se couchent en même temps que le soleil. Les étoiles se lèvent par milliers. Derrière nous, en haut de Puerto Rico, nous pouvons voir des éclairs exploser pendant des heures. Heureusement, nous allons en sens inverse...

29 mai 2017 — En mer

À 0200, je me lève pour mon quart de nuit. C'est le summum d'une navigation de nuit. L'air est chaud et confortable. Les étoiles scintillent par milliers, contrastant avec ce fond noir infini. La Voie lactée est franche et traverse le ciel en entier, touchant l'horizon de bâbord à tribord. Les étoiles filantes sont trop nombreuses pour les compter. Le vent est constant et il y a peu de vagues. Tout est calme et serein autour de moi. Le bateau avance bien, tout le monde dort paisiblement. Je savoure ce moment seule avec moi-même dans cette nuit réconfortante, avec la mer, avec cette immensité et avec ce monde plein de mystère sous mes pieds. Je souhaite que ce moment ne s'arrête jamais, précieux et impeccable. Puis trois heures plus tard, qui ne m'apparaissent qu'un moment, je m'installe sur la banquette extérieure pour dormir mon quart de nuit quand Martin me remplace.

Vers 0600, je me réveille avec une fine bruine au visage. À peine ai-je le temps de me réveiller que cette pluie se transforme rapidement en une averse violente et horizontale. Un gros coup de vent suit. Martin est déjà affairé à réduire les voiles. Je l'aide à peaufiner Calbodine. Le rideau de vent et de pluie nous dépasse rapidement.

Vers 0800, les vagues sont hautes et le bateau brasse beaucoup. L'air est de plus en plus grisonnant. Nelson vomit et Walace est très, très calme. Plus la matinée avance, plus la mer est agitée, le vent forcit et la hauteur des vagues augmente. Celles-ci nous ralentissent par moment, avec quelques bonnes vagues de côté qui nous bousculent de travers. Le ciel est de plus en plus menaçant. Nous restons extra vigilants.

Walace est malade à son tour. Nelson est encore vert. Ils restent dehors avec nous. Nous jouons aux cartes et discutons avec eux. Puis aussitôt que Nelson finit de vomir, il retourne jouer à l'intérieur avec Betsy comme si de rien n'était. Je me demande comment il fait. Je ne suis pas encore malade mais je dois absolument rester à l'extérieur pour ma survie personnelle. Je me sens nauséeuse dès que je descends à l'intérieur, cloîtrée dans cette chaleur. Martin pense encore que c'est une bonne excuse pour ne pas faire la cuisine. Ha ! Qui sait ? Peut-être inconsciemment !

En après-midi, une bonne pluie chaude rince Calbodine abondamment et nous en profitons tous pour prendre une douche d'eau fraîche, gracieuseté du ciel ! Vers 1800, il fait très chaud à l'intérieur. Nous gardons tous les hublots fermés pour ne pas avoir de vague surprise. Difficile de faire la sieste avec ce manque d'aération. Le riz que j'avais préparé avant de partir est déjà gluant et puant. Je le lance aux poissons. Nos estomacs sont à la limite vide. Martin nous prépare une bonne soupe pour souper. C'est notre repas gagnant en traversée. Délicieuse, mais elle me restera sur le bord des lèvres jusqu'au petit matin. Avec le temps qui se graisse, nous enroulons davantage le génois à 80 % pour la nuit. Nous avons deux ris de pris. Nous filons à toute allure. Incroyable avec ce peu de voile. Calbodine est parfaitement équilibrée. Nous nous émerveillons de chaque élément qui nous entoure. Nous commençons une belle nuit. Il n'y a rien ni personne autour de nous.

30 mai 2017 — Encore en mer

À 0430, couchée sur la banquette extérieure, je me réveille encore une fois avec une pluie fine au visage. À peine les yeux ouverts, je saute sur mes pieds, lance mon coussin et ma couverture à l'intérieur en refermant la porte. Cette fois-ci, j'entrevois la pluie avancer sur la mer comme un gros mur gris menaçant. Il ne reste que quelques secondes avant qu'il nous engouffre. J'aide Martin à réduire rapidement les voiles. En l'espace de quelques secondes, le vent souffle à plus du double de force et la pluie fraîche nous transperce à l'horizontale. Mais quel réveil !

Calbodine hésite un moment puis prend son envol. L'ambiance est à son plus haut. Nous nous sentons dans une de ces courses en mer où la tempête nous secoue. Détrempé jusqu'aux os, Martin manœuvre Calbodine habilement dans ce mur de vent et de pluie qui finit par nous dépasser aussi brusquement qu'il nous a frappés. Nous le voyons s'éloigner rapidement sur la surface de la mer. Nous voilà bien réveillés et bien rincés pour commencer la journée !

Nous constatons tristement que notre génois déjà rapiécé à plusieurs endroits est déchiré à deux emplacements. La grande voile est fendue de tout son long sous le troisième ris. La doublure du bimini[14] est déchirée ou plutôt arrachée ! Comme la mer est agitée et que nous pouvons quand même avancer, nous ne réparons pas la grande voile avec ce temps. On se voit mal sortir la machine à coudre sur le pont. Martin coud à la main le génois afin de garder notre propulsion. Avant qu'il ne s'envole, nous arrachons complètement le bimini qui ne tient que par quelques fils. Nous le réparerons au prochain mouillage. Nous avons maintenant le fantasme de changer nos voiles cet été.

Vers 0700, nous allons considérablement moins vite. Tellement moins vite que Martin veut aller voir sous l'eau. Nous sommes au beau milieu de la mer des Caraïbes avec plusieurs milliers de pieds d'eau sous la coque. Un univers d'animaux sous-marins invisibles d'en haut mais pourtant, Martin veut aller voir sous l'eau. Je ne suis pas convaincue que cela soit nécessaire. Je l'imagine perdre la main et s'en aller dans cette mer agitée, m'obligeant à essayer d'effectuer seule un sauvetage d'homme à la mer. Pire encore, je l'imagine disparaître, incapable de retrouver son corps. Je n'aime pas du tout son idée. Lui qui dit toujours qu'il nage comme une roche. Pourtant, il est certain et convainquant.

Bref, nous nous mettons à la cape mais je reste peu rassurée par son plan. Nous avançons encore à 1,5 nœuds, même à la cape. Le bateau remue de tous les côtés sans vitesse. Martin s'attache fermement au bateau avec un

---

[14] Le bimini est une structure métallique recouverte de toile qui nous protège du soleil.

cordage à la taille. Tranquillement, comme s'il descendait dans le spa du voisin, il descend sous le dinghy et plonge dans l'eau abyssale d'un bleu profond et intense. J'ai le souffle qui s'arrête jusqu'à ce qu'il remonte, le sourire fendu jusqu'aux oreilles. Il voit beaucoup d'algues dans l'hélice et sur la quille. Avec un tour de 360° contrôlé, nous devrions être en mesure de nous débarrasser de ce paquet d'algues qui nous ralentit. En remontant, toujours un grand sourire dans le visage et cette étincelle dans les yeux que je lui connais si bien, je soupçonne qu'il ne voulait qu'expérimenter l'effet d'être dans près de 14 000 pieds d'eau salée sous lui, à des centaines de kilomètres de la terre, au beau milieu de la mer des Caraïbes...

Toute cette action nous donne faim. Je prépare rapidement pour déjeuner des nouilles chinoises en sachet (de type Ramen), au grand plaisir des enfants. Un repas salé et réconfortant qui convient parfaitement à nos estomacs mouvementés. Martin, lui, savoure son éternel sandwich au beurre d'arachides sans jamais sentir le mal de mer. Betsy aussi semble immunisée contre le mal de mer. Calbodine avance bien, le vent est fort et régulier avec de bonnes vagues constantes. Le corps finit par s'habituer à ce mouvement obstiné et persévérant. Il y a beaucoup de nuages menaçants autour de nous. Nous surveillons les coups de vents inattendus. Vers 1000, il fait encore très chaud.

Les cannes à pêche sont à la traîne : aucun poisson ne mord cette fois-ci. Les enfants sont dehors avec nous. Nous discutons, rions, rêvons au futur. Ils nous racontent leurs rêves, nous leur racontons les nôtres. Nous savourons ce moment familial précieux où les seules distractions sont quelques grosses vagues de côté imprévisibles. J'ignore encore comment, mais une de celles-ci explose dans la grande voile et se déverse sur nous, nous mouillant tous d'eau salée. Elle nous rafraîchit autant qu'elle nous surprend.

Un peu plus tard dans la journée, une bonne averse nous rince abondamment. Les enfants, jubilant, prennent une douche naturelle en chantant à gorge déployée. Martin et moi avons un début de mal de tête. Je réfléchis à notre dernière longue traversée et nous sommes encore en cure de café. Pas le moment de se désintoxiquer. Martin nous prépare un bon grand café et presque instantanément, notre mal de tête s'estompe.

Vers 1600, Betsy et Nelson rentrent à l'intérieur pour écouter leur premier film depuis très longtemps. Ils sont rouges de chaleur et ruisselants de sueur dans cet intérieur qui ressemble davantage à un sauna. C'est incompréhensible pour moi, mais ils ont l'air hypnotisés devant leur film et bien heureux dans ce manège intérieur. Heureusement que la technologie ne leur manque pas. À vrai dire, pas du tout. Ils n'ont jamais eu leur propre appareil avant de partir et après ce voyage, nous n'avons pas l'intention de leur en donner un de sitôt ! Même que je pense imiter mon chum et me retirer moi-même de tous les réseaux sociaux...

Martin dort sur le banc sous le vent du côté gité du bateau tandis que Walace et moi discutons tranquillement. Habituellement pas très loquace, il me confie des émotions refoulées depuis longtemps. Je savoure chacun de ses mots, accrochée à ses lèvres, essayant de ne pas émettre un seul bruit. Comme c'est bon de discuter sans attente, sans pression et sans limite de temps.

Étonnamment, les enfants se couchent à 1900 et s'endorment dans cette chaleur insupportable. Ils ont l'air aussi fatigués que nous. Martin et moi commençons à avoir hâte d'arriver. Je me surprends encore à admirer cette mer, toute cette eau à perte de vue. Cette puissance et cette liberté si grandes que nous éprouvons, loin de tout et tellement libres. Peut-être que c'est cette prise de conscience et cette réalisation profonde que nous sommes bel et bien le capitaine de notre propre vie, de nos propres choix et de notre propre bonheur. Que nous avons la puissance de décider de notre destinée, malgré les tempêtes que la vie nous réserve.

Je suis surprise de voir ce bel et grand oiseau voler librement jusqu'à nous, à une centaine de milles nautiques de la côte, dans l'espoir de trouver un bon gros poisson. Je m'émerveille de son endurance, de sa solitude, de son courage d'être aussi loin de tout repère. Mais peut-être est-il bien dans cet endroit sans repère... Peut-être a-t-il même trouvé ses repères dans ce tout autre univers solitaire...

Terre ! Terre ! Terre ! On aperçoit, vers 1800, un minuscule point à l'horizon. Ça ne peut être qu'un bout de terre. Hourra ! On ne s'est pas perdus dans un océan sans fin !

Il est maintenant 2100 et nous avons très hâte d'arriver, de dormir paisiblement, en sécurité et en se faisant bercer calmement. Il paraît qu'au bout de quatre jours, le navigateur prend sa routine de quart de trois heures et de sommeil entrecoupé. Il paraît que le corps s'ajuste et que la fatigue disparaît. Pour ce faire, il faut faire de plus longues traversées. Mais Martin commence déjà à rêver à un prochain projet, à un futur établi et à ses outils. Nous ne pourrons pas valider cette information pour l'instant car nous arrivons dans moins de 24 heures.

Nous sommes exténués. Non seulement de ce segment mais de la dernière année, peut-être même des dernières années. À la barre, je me fais réveiller violemment de ma rêverie par deux grosses vagues de côté. Elles me font peur. Je ne vois pas bien, il fait nuit opaque. Je n'aime pas ces vagues brusques et sans préavis d'angles différents qui secouent violemment Calbodine de côté. Elles perturbent le mouvement naturel du bateau et de nos corps. Je réveille Martin et, moins inquiet que moi, il prend la garde. Je m'endors d'un œil.

31 mai 2017 — Toujours en mer

À minuit, nous distinguons le contour de la terre qui contraste avec le ciel noir charbon. Selon nos calculs, nous devrions arriver à Bonaire d'ici quelques heures. Nous sommes conscients que ce seront les heures les plus longues de la navigation. Nous voyons le profil d'une montagne et la faible lueur des lumières de Kralendjik au loin dans la noirceur de la nuit. Nous cherchons la lumière d'un phare qui est supposé éclairer la partie nord de l'île, pour confirmer notre point géographique. Après de longues minutes de recherche, le phare est visiblement manquant, brisé ou nous nous sommes trompés d'île !

Tranquillement, nous avançons vers cette île à la vitesse d'une bicyclette. Nous restons tous les deux éveillés, motivés et excités d'arriver dans ce nouveau pays, à la lenteur de la voile. Il y a quelque chose de magique d'arriver à cette vitesse. Nous sentons l'air de loin, nous observons le relief du pays et la végétation qui l'enveloppe. Nous assimilons les odeurs et les sons bien avant d'y mettre les pieds. Nous nous sentons aventuriers et explorateurs. Notre instinct de survie est bien réveillé.

Après avoir approché suffisamment de la côte, nous confirmons que nous sommes bel et bien à Bonaire de par le relief et la forme de l'île. Nous conservons toujours un certain doute à l'endroit de notre GPS électronique. Nous aimons vérifier avec nos cartes marines papier et nos calculs. Nous contournons largement l'île vers l'ouest pour nous rendre au secteur des boules de mouillage désignées. Interdiction d'ancrer autour de l'île afin de protéger le fond marin. Il est 0300 du matin. Il fait encore nuit noire sans lune.

Nous avons beaucoup de mal à distinguer les boules de mouillage parmi les lumières de la ville, les feux de mouillage, les navires non éclairés, les bouées et le reflet sur l'eau. Surtout qu'il vente encore près de 20 nœuds. Les bouées semblent si proches l'une de l'autre. Les bateaux semblent si près du rivage et nous ne faisons pas tout à fait confiance à notre carte maritime électronique. C'est difficile de s'approcher aussi près de la rive en pleine nuit quand nous ne voyons rien. Nous avons l'impression que nous allons accrocher le fond. Surtout que nous ne connaissons pas l'endroit et que notre profondimètre nous indique encore 450 pieds d'eau si près du rivage.

Et il y a ces petits navires non éclairés qui nous surprennent à la toute dernière seconde et que nous évitons de justesse. Très patiemment, nous cherchons une boule de mouillage pour s'accrocher. Nous avons l'impression de marcher à l'aveuglette, les yeux bandés dans un centre d'achat, la veille de Noël, à la recherche d'une épingle à couche. Sauf qu'ici, les dégâts d'un accrochage peuvent faire plus mal.

Après avoir tournoyé près d'une heure et demie, nous attrapons finalement une boule de mouillage qui est sans doute la pire du secteur. À 0430 du matin, nous rangeons très brièvement Calbodine et nous nous effondrons de sommeil tous les deux, à la belle étoile sur les bancs du cockpit, après 394 milles nautiques et 64 heures de navigation.

Le jour se lève tranquillement, avec les enfants. Ils nous rejoignent dehors, sautillants. Ils sont toujours contents et excités de découvrir le nouvel endroit où nous atterrissons pendant leur sommeil. L'air se réchauffe en même temps que le soleil se lève. Sur nos gardes, nous observons tout autour de nous, dans l'espoir d'être agréablement surpris, mais ne voulant pas être déçus après tout ce long chemin.

Le ciel est d'un bleu éclatant. Le soleil brille de toute sa splendeur. Il fait bon et chaud et la douce brise est parfaite. La plage est à peu près à 100 pieds de nous. Les maisons sont belles, rangées et colorées. Il y a des fleurs et des cactus qui longent le bord de la rive. La berge est totalement propre, sans débris ni pollution ni poubelles flottantes. Que des coquillages et quelques passants.

L'eau semble irréelle et translucide. En se penchant par-dessus les filières, nous voyons d'un côté le fond marin avec l'ombrage du bateau sur le sable blanc, le corail mou coloré danser avec le courant et toutes sortes de poissons multicolores nager sous nos pieds. Puis de l'autre côté, le bleu intense et profond de plusieurs centaines de pieds d'eau, là d'où nous arrivons tout juste. Il doit y avoir une trentaine de beaux voiliers qui se dandinent tranquillement avec le doux mouvement de la mer. Quelques plongeurs se préparent pour une plongée juste à côté de nous.

Nous nous sentons devenir légers au fur et à mesure que nous contemplons notre nouvel entourage. Nous avons le cœur plein d'espoir d'avoir peut-être trouvé notre vrai coin de paradis. Nous sommes extatiques d'avoir traversé la mer des Caraïbes et d'être arrivés jusqu'ici, tout près du Venezuela. Un air de fête nous envahit et flotte sur nous cinq.

« *La vie est un écho : ce que tu envoies, te revient, ce que tu sèmes, tu le récoltes, ce que tu donnes, tu l'obtiens et ce que tu vois dans les autres existe en toi.* »

– Zig Ziglar

CHAPITRE 15 | OUVERTURE D'ESPRIT

31 mai 2017 — Kralendjik, Bonaire.

Nous voilà tout près du Venezuela, à Kralendjik, Bonaire. Une petite île néerlandaise qui prolonge les Petites Antilles. Nous venons de traverser la mer des Caraïbes. Quatre jours et trois nuits en mer. Nous sommes tellement heureux d'être ici ! Fierté, joie, bonheur, accomplissement, rêve, soulagement, pleurs, fatigue, inquiétude, peur, incertitude, questionnement. Un gros mélange d'émotions nous envahit comme une tempête tropicale.

Ce matin même, après avoir réalisé que nous avons bel et bien trouvé un pays qui pourrait nous plaire et qui semble fantastique, c'est la fête à bord ! Moi qui avais peur de hisser la grande voile il y a à peine quelques mois, je viens de naviguer, avec ma famille, plus de 3500 milles nautiques ! Contre toute attente, nous sommes ici, loin de notre Québec natal, plusieurs mois plus tard, grâce à un simple rêve. Je ne dis pas ici que tout le monde devrait partir en voilier sans expérience. Surtout pas ! Je dis plutôt que tout le monde devrait suivre sa propre voie. Peu importe laquelle, ne serait-ce que pour se sentir vivant, vibrant et énergique.

Vive Bonaire! Sans plus attendre, nous sautons à l'eau, complètement émerveillés par le fond sous-marin plein de vie et coloré. Ensuite, nous nous dépêchons de faire l'entrée officielle au pays et de revenir à bord. Nous changeons de boule de mouillage pour une dont les ancrages sont plus fiables. Et nous ouvrons une bouteille de champagne, réservée pour cette occasion depuis notre dernière soirée avec la tante et l'oncle de Martin. Un de nos buts premiers était d'affronter le fameux Georgetown des Bahamas. Nous voilà tout près du Venezuela! Les enfants sont aussi joyeux que nous d'être ici et nous dansons à bord. Nous sautons à l'eau encore une fois, heureux, et nous nous couchons très tôt.

Puis, le lendemain matin, nous ne pouvons plus bouger, ni Martin ni moi. Nous ne pouvons rien accomplir ni rien faire. Ni visiter l'île, ni nettoyer le bateau un peu en désordre après la navigation, ni nager, ni lire, ni même cuisiner. Nous sommes cloués au lit ou au banc du cockpit. Comme si tous les derniers mois nous tombaient sur les épaules. Toute la préparation, les apprentissages, les peurs surmontées en route, les premières fois, les nouveaux pays, les nouvelles coutumes rencontrées, les nouvelles émotions, les nombreuses remises en question venaient de s'abattre sur nous et de nous clouer sur les fesses. Comme si nous venions d'arriver à notre dernier point de contrôle après un long raid et que nous y sommes enfin. Ici, nous sommes en sécurité. Nous ne devons pas partir à cause des ouragans car nous sommes en zone hors ouragan. Nos gardes baissent en nous rendant extrêmement vulnérables.

Nous nous sentons complètement démolis, fatigués, incapables de bouger, sans énergie, peut-être un peu déshydratés et surtout, envahis d'une culpabilité extrême de se sentir aussi faibles. Après quelques jours, nous nous autorisons enfin le droit de nous sentir ainsi. Nous nous autorisons le droit de prendre une pause, d'écouter notre corps, de récupérer, de dormir le matin, de faire des siestes en après-midi et de se coucher tôt le soir sans avoir rien accompli dans la journée. Difficile pour notre tête occidentale qui a l'habitude de s'évaluer selon les réalisations de la journée. Mais n'est-ce pas là un de nos objectifs du départ : d'apprendre à mieux respecter notre corps, à mieux l'écouter, à mieux le suivre ? Pendant ce temps, les enfants nagent et jouent librement, sans contrainte. Ils ne demandent rien, nous respectent autant que nous les respectons. Ils nous font même cuire des toasts et des pâtes au fromage et aux olives.

Au bout d'une dizaine de jours, notre énergie revient au rythme des vagues qui nous bercent tranquillement. Ce qui nous amène encore à faire le point. Où sommes-nous rendus ? Où voulons-nous aller ? Combien de temps encore en voilier ? Sommes-nous encore heureux ? Est-ce que nous avons atteint nos objectifs, outre l'apprentissage de la voile ? Quels sont nos prochains rêves ? Où voulons-nous installer notre famille pour les prochaines années ? Comment voulons-nous vivre la suite de cette merveilleuse aventure ? Et nos enfants ? Et leur éducation ? Et l'argent ? Comment voulons-nous vivre notre vie future ? Tellement de questionnements, sans vouloir précipiter les réponses.

Nous discutons librement, toute la journée, sans se presser ni se hâter en incluant les enfants dans quelques-unes de nos discussions. Quelques questions viennent avec des réponses bien précises, la plupart vont sans réponses. Parfois, certaines questions provoquent une angoisse de ne pas connaître la réponse. Mais nous devons faire confiance à la vie et reconnaître les coïncidences qui nous guideront vers de nouveaux horizons, vers de nouveaux défis. Nous devons réellement lâcher prise sur tous ces facteurs que nous ne pouvons contrôler. Autant se concentrer à profiter pleinement de ce que nous avons entre les mains, apprécier pleinement où nous sommes et ce que nous avons accompli. Le bonheur est là, maintenant. C'est à nous d'accepter cette réalité, tout en visualisant notre futur.

Enfin, notre énergie nous revient pleinement et elle est belle, sereine, intense, vibrante. Nous nous sentons reposés et ressourcés. Nous avons envie de visiter l'île et d'adopter une routine incluant l'école le matin. Nous sommes ici pour quelques mois et devons rester au sud du 12° parallèle jusqu'en novembre. Alors nous suivons une routine plus stable. Les enfants en sont reconnaissants. Ils savent à quoi s'attendre. Leur lecture devient plus fluide et l'écriture devient moins pénible. Les mathématiques commencent à avoir du sens. Nous y allons chacun à notre rythme, sans forcer l'apprentissage.

Je prends le temps d'aller en ville avec mon fameux disque dur maintenant vide. Le gars récupère toutes mes photos en quelques minutes. À sa grande surprise, je lui saute au cou, émue, rassurée, soulagée. J'achète deux autres disques externes et fait des copies du précieux contenu... Aussi, nous prenons le temps de faire la maintenance de Calbodine et de terminer le ponçage du pont. Martin remplit tous les joints de teck avec du nouveau scellant noir. Il coud le bimini déchiré à la machine à coudre. Calbodine a fière allure ! Puis les après-midis, nous explorons.

Plusieurs projets se bousculent dans nos têtes, dont un de mes rêves que je chéris depuis mon enfance. Avec l'accord de Martin, je fais des recherches pour trouver un organisme à but non lucratif pour lequel nous pourrions aller faire du bénévolat. Je recherche un centre pour enfants qui nous accepterait en tant que famille, avec nos enfants. Après plusieurs contacts et échanges de courriels avec diverses organisations, je finis par trouver un organisme dans une petite ville au Honduras qui nous accueillerait volontiers. On nous promet que Martin pourra aider à la rénovation au village pendant que moi, j'enseignerai l'anglais aux enfants, auxquels pourront se joindre les nôtres. Je suis comblée. Heureux, nous acceptons sur-le-champ. Sans faire aucune recherche sur le pays en lui même, nous réservons nos billets et planifions notre départ en avion pour le 13 août prochain. Dans deux mois. D'ici là, nous profitons pleinement de Bonaire. Ce pays où l'air est bon !

Bonaire est avant tout un paradis pour la plongée sous-marine. Notre livre d'identification de poissons en témoigne car plus de la moitié des poissons ont été photographiés ici. L'eau est superbe avec une visibilité de plus de 100 pieds. Elle est chaude et constante à 27-28 °C. Nous sommes attachés à une boule de mouillage à une centaine de pieds de la rive avec une trentaine de pieds d'eau transparente sous la coque. Le récif est magnifique juste là, au-dessous de nous. Des dizaines de plongeurs passent sous notre quille tous les jours. Martin s'amuse à les surprendre à la même profondeur, seulement vêtu de son masque et de ses palmes (et son maillot, bien sûr) !

Puis derrière nous, il y a l'immensité de la mer. Des centaines de pieds d'eau d'un bleu royal, sombre et intrigant. Il faut dire que ce *drop off* est impressionnant et très intimidant au début. Nous avions tous une petite crainte de cette immensité, préférant nager face au récif en lui tournant le dos. Nous essayons d'oublier cette mer et ses bêtes en portant surtout attention aux centaines de poissons colorés, aux tarpons de 5 à 6 pieds, aux dizaines de variétés de coraux, aux tortues, aux crevettes, aux serpents de mer, aux étoiles de mer, aux oursins, aux milliers de micro-organismes marins. Nous découvrons une nouvelle espèce à chaque apnée. Et nous nageons quelques heures tous les jours.

Nous devenons de plus en plus habiles et à l'aise dans l'eau. Sereins et en forme, nous essayons tous de pousser notre propre limite de temps sous l'eau. D'aller plus profond à chaque plongée. D'observer plus longuement le fond marin sans interruption. Les enfants deviennent tellement habiles ! Si bien que parfois, je glisse la tête sous l'eau au bout d'un moment pour vérifier s'ils sont encore en contrôle de leur souffle. Les garçons s'amusent à poursuive les gros tarpons, plus gros qu'eux de quelques pieds. Betsy est un peu moins téméraire. Elle nage le plus souvent en surface avec seulement la tête sous l'eau. Lentement, elle plonge son corps en essayant de toucher le sable.

De temps en temps l'après-midi, nous partons à l'aventure explorer les nombreux sites de plongée. Parfois tout près, nous jetons l'ancre du dinghy non loin de Calbodine et explorons le fond sous-marin pourtant si différent malgré cette proximité. Parfois nous nous aventurons très loin. Tellement loin que le trajet du retour, avec le vent et les vagues en pleine face, est vraiment périlleux. Nous sommes obligés de garder nos masques de plongée, parfois même notre tuba ! Les vagues envahissent l'intérieur du dinghy et nous mouillent constamment comme si nous étions sous une chute. Le dinghy avance très lentement car l'eau l'alourdit. Il nous faut parfois jusqu'à une heure pour revenir à bord de Calbodine contre une quinzaine de minutes pour se rendre.

Un après-midi d'exploration près de Klein Bonaire, nous nageons paisiblement près du *drop off*. Nous admirons ce récif vivant et époustouflant qui semble infini jusqu'au creux de la mer, à perte de vue. Martin est habile avec ses nouvelles palmes extra longues. Il semble disparaître au fond de l'eau, les rayons du soleil pas assez puissants pour l'éclairer complètement. Les algues sont longues et nombreuses, dansantes avec le courant de l'eau. Les coraux sont magnifiquement colorés. Le soleil scintille sous l'eau. Des bancs de poissons multicolores nous suivent, nous dépassent. Nous sommes en symbiose avec la mer, en totale paix. Le silence sous l'eau est paisible et réconfortant. Nos mouvements sont lents et contrôlés. Nous nous amusons à descendre en profondeur, plus longtemps, à contrôler notre souffle. Une méditation active. Seul notre souffle expirant vient nous rappeler que nous sommes des êtres terrestres.

Au bout d'une heure d'exploration, en tournant la tête, j'aperçois une grande raie léopard venir vers nous depuis l'abysse marin. Elle avance tranquillement, comme un ange. Le spectacle est à couper le souffle. Elle est majestueuse, avançant sans effort de ses longues ailes souples. Un mirage dans l'eau. Le temps s'arrête. Je retiens longuement mon souffle pour ne rien manquer. Je fais signe aux enfants de sa présence. Elle nous dépasse, telle une reine de la mer, aucunement alarmée de notre présence. Je suis profondément marquée par ce spectacle, reconnaissante de voir la nature sauvage à son plus beau.

Le soleil brille tous les jours. Il fait 30° à 33°C sans trop d'humidité. Un vent constant de l'est nous procure une brise régulière et agréable. Il y a parfois de mini averses isolées mais très peu souvent. Nous sommes tellement connectés à notre environnement que la nuit, nous nous réveillons juste avant la pluie ou avant un changement de température, à temps pour fermer les hublots.

Avec aucun sommet dominant aux environs, les quelques nuages passent souvent par-dessus l'île sans se déverser. Le climat est donc très désertique. Il y a cinq variétés de cactus, des iguanes, des ânes sauvages et des flamants roses qui peuplent le paysage. Nous sommes surpris de l'aridité de l'environnement.

Producteur de sel, le sud de l'île est encore occupé par une grande saline. Le contraste est éclatant entre les montagnes de neige blanche (le sel) et l'eau turquoise de la mer. Les vestiges de huttes pas plus grandes qu'une niche témoignent tristement des conditions de vie des esclaves africains qui entretenaient autrefois les salines. C'est difficile d'évoquer avec nos enfants ce travail forcé et inhumain par les esclaves sans avoir les larmes aux yeux. Impossible d'imaginer leur labeur et leur endurance hors du commun dans cette chaleur écrasante avec des conditions totalement monstrueuses.

La partie nord de l'île est un parc national où le paysage varie à chaque kilomètre. Au centre, les forêts de grand cactus se découpent dans le ciel bleu. Puis soudainement, plus rien ne pousse. Franc est, il n'y a que des rochers salés par la mer. Ce paysage crée un spectacle lunaire époustouflant. La mer se fracasse bruyamment sur les rochers, formant de grosses vagues, hautes de plusieurs dizaines de pieds. Des croûtes de sel se façonnent au creux des rochers où nous faisons une récolte pour notre réserve personnelle.

Le côté ouest est parsemé de petites plages paradisiaques de sable fin à travers les rochers. L'eau est magnifique et exceptionnellement claire. Ces petites alcôves sont secrètement cachées et difficiles à apercevoir du haut de la route. En les découvrant, nous nous sentons seuls au monde, les pieds nus dans le sable fin.

Puis il y a Rincon, la deuxième (et dernière) ville de l'île. Les premiers explorateurs se réfugiaient dans cette localité cachée de la mer pour ne pas se faire voir des pirates. Une distillerie y fabrique de l'alcool de cactus, encore fait sur place. Nous sommes agréablement surpris par la qualité et la saveur de celui-ci. La capitale, Kranlendjik, est une petite ville où nous trouvons de tout. Un supermarché, une quincaillerie, un Budget Marine, un centre de lavage, des restaurants savoureux, quelques hôtels et plusieurs boutiques de plongée. La pêche étant interdite à l'intérieur de la baie pour préserver les fonds marins, nous achetons notre poisson aux pêcheurs qui arrivent de la mer quotidiennement.

C'est aussi là que les navigateurs se trouvent, amarrés aux boules de mouillage, juste à côté de la marina. Nous abusons très souvent d'un petit café dont les expressos sont exquis et la crème glacée italienne pas assez chère pour s'en priver. C'est très charmant. Un air européen influence l'ambiance. Il n'y a aucune pollution nulle part. Soulagés, nous nous sentons en sécurité et aucunement harcelés pour notre argent. Chacun vit sa vie sans trop se soucier des autres. Les habitants vont et viennent selon leurs habitudes. Nous trouvons très surprenant que la plupart parlent de 5 à 7 langues couramment et soient très au courant du monde qui les entoure, facettes politiques et sociales inclus. Une si petite île avec un si grand savoir. Ici, nous sommes tranquilles et paisibles.

Rapidement, nous rencontrons les autres navigateurs avec des enfants. Nous gardons une ouverture d'esprit nouvelle. Chacun a son histoire et son propre cheminement. Nous écoutons sans juger et acceptons les autres tels qu'ils sont. Il est bon de laisser derrière nous les idées préconçues que nous avons des autres et de les voir avec de nouvelles lunettes propres. Nous nous lions d'amitié avec l'équipage d'un catamaran belge et leurs deux jeunes garçons. Nous échangeons beaucoup de soupers chez eux et chez nous. Parfois bien arrosés, parfois très sobres. Nous discutons sans fin de nos rêves, de nos aspirations, de la réalité qui nous entoure, de notre vision du monde. Nous partageons nos peurs et nos joies. Il nous semble que nous pouvons enfin parler du monde sans jugement préconçu, sans risque d'être réprimandé de penser autrement.

Puis nous revoyons ce fameux couple belge qui nous avait presque foncé dedans à Boca Chica en pleine nuit. Ils sont merveilleux, une génération plus vieille que nous, riches d'expérience et tellement vivants. Ils ont les yeux étincelants et sont inspirants pour notre futur. Une belle amitié pure et agréable naît. Ils adoptent nos enfants de cœur.

Toutefois, après cinq semaines de relaxation, nous commençons à avoir le goût d'en faire un peu plus. Martin cherche constamment que faire de ses mains. Nous profitons pleinement de cette tranquillité mais commençons à rêver au prochain chapitre de notre vie. Nous sommes deux êtres qui adorent réaliser des choses. Nous aimons quand tout bouge un peu plus vite...

14 juillet - Kralendjik, Bonaire

Il est maintenant temps pour nous de se rendre vers l'île voisine, Curaçao, afin de préparer Calbodine pour notre prochaine aventure terrestre : le bénévolat au Honduras. La veille du départ, un jeune couple cogne pour nous demander si nous connaissons quelqu'un qui se rend bientôt à Curaçao. Nous leur disons qu'ils viennent de gagner à la loterie, car nous partons le lendemain matin. Chance ou coïncidence, ils sont les bienvenus à se joindre à nous pour la traversée.

Nous sommes tous un peu triste de quitter Bonaire. Mais le parcours se déroule à merveille. Nous avons un vent de dos constant et le soleil brille dans un ciel bleu éclatant. Avoir des invités à bord demande un peu d'ajustement mais nous sommes bien tombés, les deux sont fort sympathiques. Je me questionne quand même, une fois au milieu de notre passage, sur notre rapidité à avoir accepté des inconnus à bord du voilier vers un nouveau pays. Nous n'avons pas vraiment pris en considération que nous sommes responsables d'eux et de leur entrée aux douanes du prochain pays. Notre spontanéité pourrait nous poser des problèmes s'ils n'étaient pas honnêtes ou s'ils essayaient de transporter des substances illégales. Bref, je me mets en garde pour de futurs *hitchboaters*. Heureusement que ceux-ci sont honnêtes.

Rendus à Spanish Water, Curaçao, 8 heures plus loin pour 38 milles nautiques, nous ancrons juste à côté de notre bateau copain suisse rencontré à Oriental, Caroline du Sud. Ils sont sur le pont, criant nos noms en se balançant les mains frénétiquement! Nous aussi d'ailleurs! Quel réel plaisir de se retrouver ainsi après plusieurs mois de navigation séparés. Les enfants sont si heureux de retrouver leurs amis et nous pareillement. Nous abusons intensément l'un de l'autre car bientôt, nous poursuivrons chacun notre route.

« La beauté des rencontres spontanées en navigation fait nécessairement de ce mode de vie une aventure riche, remplie, intense. Nous connectons profondément et rapidement. Des amitiés, éphémères ou durables, prennent forme et elles sont tout aussi gratifiantes. Nous n'avons pas de temps à perdre avec de nombreuses rencontres aléatoires avant d'oser un souper ensemble. Nous profitons de chaque coïncidence. Nous n'avons pas le temps de conversations superficielles car le vent peut souffler à tout moment et faire disparaître un équipage. Les

conversations sont profondes, significatives, intenses, vraies dès le début.

Il y a quelque chose de magique, d'intangible qui nous réunit tous. Nous partageons cette même flamme qui nous allume de l'intérieur. Cette étincelle dans les yeux qui nous fait vibrer. Cette volonté d'apprendre continuellement. Cette obsession de grandir encore et encore et de devenir la meilleure version de soi-même. C'est peut-être aussi simplement le fait que nous sommes tous dans le même bateau, littéralement.

Cette absence de préjugé envers l'autre, bien caractéristique des navigateurs, facilite l'acceptation de l'autre, peu importe son passé, son présent ou son futur. Les gens rencontrés ont une ouverture d'esprit inspirante. Chacun a son histoire à raconter. Chacun écoute respectueusement. Chacun fait ses propres plans selon ses propres envies dans un respect absolu. Il n'y a pas qu'une seule route à suivre. Justement, il n'y a aucune route définie, laissant la liberté aux navigateurs de choisir leur propre route selon leurs propres envies, d'être réellement le capitaine de leur propre vie. Le monde est à la portée de tous. Nos rencontres sont sans doute les plus beaux moments de notre périple et ce que nous aurons la plus grande peine de perdre une fois de retour au sol. »

Mi-juillet, ce sont les deux semaines de vacances statutaires de l'industrie de la construction au Québec. Ça vient avec une bonne nouvelle : la sœur de Martin et sa famille nous rendent visite ici, quelques jours avant notre départ vers le Honduras. Non planifié, leur séjour me replonge dans la réalité québécoise et je me mets à planifier nerveusement plein d'activités et de sorties. Nous demandons aux locaux quels sont les plus beaux endroits à visiter. Nous voulons que tout soit parfait. Je me demande ce qu'ils voudront faire, manger, voir.

J'ai peur que leurs attentes soient trop élevées pour ce que nous avons à leur offrir. J'ai la crainte que notre bateau soit trop petit pour les accueillir tous les quatre. À mon grand soulagement, ils veulent tout simplement relaxer, se ressourcer paisiblement au soleil en laissant les enfants jouer et nager. Ils sont d'une tranquillité déroutante. Alors là, nous savons comment faire.

Nous relaxons donc avec eux, reprenant le temps perdu avec de belles discussions, de bonnes bouffes simples et du bon rhum des Caraïbes. Une bouffée d'air familial qui nous fait du bien à tous. Les cousins et cousines jouent éperdument sans se fatiguer. C'est comme s'ils s'étaient quittés avant-hier. Nous baptisons ensemble une trame musicale et un nouveau mode de vie : le mode Curaçao. Un style de vie zen et tranquille.

Nous louons une voiture pour explorer cette grande île. Nous trouvons des plages éloignées et pittoresques où les tortues viennent s'alimenter. Nous nageons des heures durant à flatter ces grandes tortues, maintenant accoutumées aux nageurs. Nous nous baignons parmi des bancs de sardines à en perdre le nord. Que de beaux moments mémorables ! Pour une expérience complète, nous déplaçons Calbodine vers la marina de Curaçao en leur compagnie. La ville de Willemstad est superbe depuis le canal. Leur séjour passe très vite. Les au revoir sont difficiles pour les enfants. Nous ignorons tous quand sera notre prochaine rencontre.

Le lendemain de leur départ, tout va très vite. Le matin très tôt, nous sortons Calbodine hors de l'eau. Puis nous préparons sa mise en pause en la dénudant de toutes ses voiles. Nous enlevons le bimini et le dodger. Nous voulons minimiser l'exposition au soleil brûlant et stagnant qui détruit tout. Nous préparons nos valises pour deux mois de vie terrestre. Le tout en une seule journée. Car demain, nous prenons nous-mêmes nos vols vers une nouvelle aventure. Un de mes rêves de petite fille : faire du bénévolat pour des enfants dans un pays défavorisé. J'ai le bonheur de partager cette expérience avec mes propres enfants, ce qui rehausse encore la richesse de mon expérience.

Martin, peu convaincu de devoir acheter les billets d'avion et de payer la marina et les frais qui s'y rattachent pendant notre absence sans pouvoir faire une facture à l'organisation qui nous engage m'accompagne quand même. Déstabilisé, l'entrepreneur en lui doit se taire. Il me fait clairement plaisir mais je suis convaincue qu'il pourra en retirer du bien lui aussi. Nous sommes en santé, nous sommes heureux, nous sommes riches en temps, nous avons la liberté de nos choix, nous devons absolument donner à notre suivant au moins une fois dans notre vie.

« Moi seule, ne peux pas changer le monde, mais je peux jeter une pierre dans l'eau pour créer de nombreuses vagues. »

– Mère Teresa

CHAPITRE 16 | AIDE HUMANITAIRE AU HONDURAS

4 août 2017 — El Porvenir, Honduras.

Comme à chaque pays visité, nous essayons de garder nos attentes au minimum. Cependant, il faut dire qu'ici, nous venons servir une communauté, alors nous voulons aider d'une façon ou de l'autre. Alors oui, nous avons tout de même quelques attentes.

Il nous faut trois vols différents pour se rendre à l'aéroport de San Pedro Sula pour un total de 24 heures de voyage. Les enfants ont été d'une patience remarquable et impressionnante. Nous constatons avec plaisir qu'ils sont devenus autonomes et très patients dans cet environnement. Puis un taxi envoyé par l'organisation nous attend à notre sortie de l'avion pour nous conduire à la ville de El Porvenir, trois heures de voiture plus loin.

Il doit être midi. Nous sommes affamés. Le chauffeur se sauve de cette grande ville chaotique pour s'arrêter, une heure plus tard, chez des vendeurs de nourriture en bordure de la rue. Nous grignotons en route des fruits exotiques et des mets que nous ne connaissons pas encore. Puis nous nous arrêtons à une épicerie en chemin car au village où nous allons, il paraît qu'il n'y a qu'un petit dépanneur. Nous n'avons jamais fait l'épicerie aussi rapidement : pâte, riz, boîtes de thon, café, un pain, du beurre d'arachides et de l'eau. Ça ira pour le moment. Dans cette petite voiture, nous sommes tellement entassés tous les cinq entre nos bagages et le conducteur que nous limitons l'épicerie à un minimum.

Le chemin m'incommode avec cette humidité nouvelle et la fatigue accumulée du voyage. Je travaille ma patience pour ne pas sauter les plombs. Je ferme les yeux par moment pour faire le vide autour de moi et mieux respirer. J'ai hâte de sortir de cette voiture qui slalome dangereusement entre les autres. Avec du pain comme appui-tête et des pâtes entre les jambes, nous finissons par arriver en fin d'après-midi. Nous découvrons ce nouveau village avant la tombée du jour. Nous sommes soulagés de mettre les pieds sur la terre ferme et de découvrir notre appartement pour les semaines à venir.

Le village pourrait bien être un de ceux que l'on retrouve au creux du Mexique avec ses tendances hispaniques. Il n'y a qu'une route en ciment, les autres sont en terre compacte. Les ruelles quadrilatères sont centrées autour de l'école. Les maisons sont petites et simples. Plusieurs n'ont pas de rideaux ni même de portes. Des toits de tôle couronnent les murs couleur sable. Il fait chaud et extrêmement humide.

Aussitôt les valises déchargées et l'accueil par l'organisatrice terminé, nous revenons à notre appartement. Les enfants capotent. Ils courent dans leur nouvel espace de vie plus grand que nature. Ils jubilent à l'idée d'avoir deux énormes lits doubles pour eux trois. Ils courent autour de la table de cuisine dans les 575 pieds carrés d'appartement en s'exclamant : « Comme c'est grand ! ». Nous ne pouvons nous empêcher de rire Martin et moi, en comparant l'espace de cet appartement de deux chambres à la grandeur de notre ancienne cuisine. Dire que nous trouvons ça grand nous aussi comparé à notre voilier de 275-300 pieds carrés !

Pour tout dire, je respire moi aussi. J'aime l'espace d'un comptoir de cuisine qui ne bouge pas, d'une grande douche fermée avec une toilette dotée d'une chasse d'eau, de l'eau à profusion, un éclairage électrique sans me soucier des batteries. J'aime avoir une porte de chambre qui se ferme. J'aime avoir un parc vert juste devant le portique et sortir jouer au ballon sans aucune préparation. Les pieds dans l'herbe directement, rapidement, juste en ouvrant la porte. Sans aucun voyage de dinghy nécessaire, sans aucune planification. Mais comme c'est facile !

Martin aussi respire profondément. Nous vivons tous une liberté soudaine. Quoique mon rêve d'une grande douche chaude s'évanouit assez vite. L'eau est froide à s'en glacer le sang dans les veines. Pas d'eau chaude ni d'eau tiède. Elle est frette, un point c'est tout. Nous ne comprenons pas pourquoi. Walace est terriblement déçu lui aussi.

Je commence dès le lendemain à prendre part à cette organisation. Pour la première journée, Martin reste avec les enfants. L'organisme veut offrir une éducation supplémentaire en anglais aux jeunes honduriens afin d'ouvrir leurs horizons vers un avenir meilleur. Nous leur offrons donc des activités en anglais, une initiation à la technologie, des jeux nouveaux, des activités éducatives et une collation santé. Nous offrons ces cours parascolaires aux enfants dès 6 ans jusqu'à l'adolescence, l'avant-midi pour les étudiants de l'après-midi et l'après-midi pour les étudiants du matin. Au Honduras, les étudiants ne vont à l'école qu'une moitié de la journée. Walace, Betsy et Nelson viendront avec moi dès le lendemain.

Le principe fondamental de l'organisme est réellement bien. Mais la réalité est déroutante. La fondatrice à qui j'ai parlé n'est même pas ici. Je suis très déçue de constater que la personne responsable de l'équipe de bénévoles n'a pas plus de 20 ans mais un ego plus gros que celui de Martin et moi combiné. Un manque flagrant de leadership et de communication est perceptible. L'entraide ne semble pas au cœur de la mission mais plutôt la compétition pour être la bénévole qui a le plus d'amis adolescents masculins. Je ne me rappelle pas avoir été aussi égocentrique à mon adolescence.

Les promesses que Martin avait reçues pour aider à rénover au sein de la communauté sont vite évaporées par la peur que les villageois s'habituent à ce nouveau service et qu'ils deviennent dépendants de l'organisation. Énormément déçu et un peu frustré, il se concentre donc à jouer avec nos enfants et crée des plans superbes pour un projet futur.

Nous sommes très vite mis en face de cette dure réalité : beaucoup trop de ces organismes à but non lucratif ont pour objectif caché de se planifier une belle retraite au soleil ou de faire des profits camouflés. Peu importe le motif, nous déchantons rapidement. Notre bulle est pétée. Nous vespérions mieux. En plus, nous trouvons la plupart des jeunes bénévoles, le cellulaire constamment à la main, nonchalants et arrogants face aux locaux et à leur triste réalité. Nous sommes profondément déçus. Heureusement que quelques-uns se démarquent. Nous créons des liens avec ceux-ci. Voir nos enfants jouer avec ces jeunes adultes internationaux en anglais nous rassure un peu quant à notre présence ici.

Après plusieurs semaines, je finis par me rendre compte que nul n'est besoin de venir à l'autre bout du monde pour faire du bénévolat. C'est une chose d'aider un peuple lointain. Mais qu'est-ce qui arrive aux orphelins de chez nous, aux enfants battus, violés, abusés, aux aînés oubliés, aux pauvres sans options, aux animaux en détresse, etc., dans mon propre pays ? Nous devons chacun de nous vivre notre propre expérience pour pleinement réaliser et assimiler fondamentalement que l'aide est tout aussi nécessaire chez nous.

Le bénévolat peut être fait à petite échelle et ce, partout dans le monde. Dans notre propre ville, dans notre propre communauté, dans notre propre quartier, dans notre propre école. Nous n'avons qu'à trouver une cause qui nous tient à cœur et à donner notre attention afin d'y faire une différence, aussi minime soit-elle. Si le bien est fait dans notre propre communauté, le plaisir est aussi intense, sinon plus, car la communauté en sera reconnaissante et donc, plus agréable à y vivre.

Ici, à El Porvenir, la réalité est trop différente de ce que nous espérions. Après tout ce long déplacement, ça déçoit énormément. Une prise de conscience s'impose. Nous sommes ici, maintenant, alors autant en profiter au mieux. J'oublie d'essayer d'améliorer l'organisation et je me concentre plutôt sur la raison première de notre venue ici ; les enfants honduriens et leurs famille, en incluant nos propres enfants.

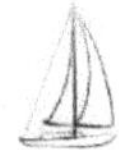

Nous sommes accueillis chaleureusement par les locaux. Ils nous aident, nous dirigent, nous saluent. Le stress occidental ne semble pas avoir atteint ce coin de pays, à première vue... Les enfants honduriens sont tellement attachants et gesticulants. Walace, Betsy et Nelson se font vite de nouveaux amis. Ils apprennent quelques mots en espagnol et réussissent à se faire comprendre par des gestes. Ils ne sont pas du tout intimidés par cette langue différente et nous en sommes très fiers.

Nous marchons au village et bientôt, nous sommes encerclés par une bande d'enfants qui nous suivent en gambadant. Après l'école, une quinzaine d'enfants viennent chez nous dessiner sur le balcon, simplement. Très souvent, nous finissons au parc à jouer avec leur ballon démoli qui roule encore et encore. Nous leur apprenons le frisbee mais rapidement, le soccer reprend la vedette. Ils sont bons de façon innée avec leurs pieds. Pas besoin de préciser que nous transpirons abondamment dans ce climat si humide. Tous les membres de notre corps transpirent. Je n'avais jamais senti mes tibias qui transpirent !

En fait, dès que nous sortons au parc avec un ballon entre les mains, plusieurs enfants et jeunes adultes se joignent à nous sans attendre d'invitation. Il est impossible de rester seul dans son coin avec un ballon. C'est un aimant rassembleur : il crée un moment simple sans pareil pour se rapprocher de la communauté. Nous jouons des parties improvisées tous les jours.

Ainsi, les locaux baissent leurs gardes avec nous au bout de quelques semaines. Nous discutons avec eux de leur réalité qui semble à première vue simple et heureuse. Après plus de trois semaines à établir une confiance, leurs confidences commencent et leurs confessions fusent sans plus aucune gêne. Peut-être parce que nous sommes en famille, peut-être parce que nous parlons l'espagnol, peut-être parce que nous les écoutons attentivement. La réalité fait surface tel un tableau sombre.

Ils nous accueillent chaleureusement dans leur maison dénudée. Ils sont généreux même s'ils n'ont rien. Ils nous offrent leur unique chaise et leurs noix de coco sans hésitation. Ils vivent dans des maisons très simples, la plupart sans plancher, sans portes, sans rideaux. Le toit n'est que partiellement étanche. Leur cuisine extérieure consiste en un carré sur la terre battue avec un petit toit en paille et un four au feu de bois. Le feu est constamment allumé, soit pour la fumée qui éloigne les insectes, soit pour cuisiner. Ils n'ont évidemment pas de réfrigérateur ni d'électroménager. Au moins, ils ont tous accès à l'eau courante, curieusement très froide.

Les gens se déplacent à pied et parfois en moto-taxi[15]. Pas étonnant de voir 6 à 10 passagers empilés dans un taxi pour rentabiliser le déplacement. Ils n'ont pas vraiment le choix de leur destinée. Ils sont nés pauvres et ils meurent pauvres. Ils ne peuvent pas s'en sortir. Ils n'ont pas

---

[15] Mobylette avec une cabine arrière pour accueillir entre 2 à 4 passagers.

d'argent. La plupart ne voient pas comment accéder à un avenir meilleur. La simple nécessité de boire et de manger pour survivre est omniprésente. Au pays, il n'y a que quelques personnes nées dans une bonne famille qui peuvent accéder à une éducation et à une vie meilleure.

Le gouvernement est profondément corrompu. La vie ne vaut pas grand chose et chaque personne avec laquelle on en discute connaît au moins une personne qui s'est fait tuer soit pour règlement de compte, soit pour de l'argent ou des bijoux. La police ne fait pas de suivi. Il n'y a pas d'autre système judiciaire que la vengeance. Il y a beaucoup de drogue, de corruption, de problèmes d'argent, de pauvreté, de violence et de manque de travail qui engendrent encore plus de pauvreté.

Il y a la peur des paysans envers leur propre gouvernement. La plupart des gens rencontrés souhaitent partir de leur pays natal dans l'espoir d'atteindre un avenir meilleur, pour eux et pour leurs enfants. Mais avoir accès à un passeport est un luxe inestimable pour la majorité d'entre eux.

La plupart se confient après au moins trois semaines de discussion, une fois que la confiance a été établie. Si nous n'étions restés ici qu'une ou deux semaines, personne ne nous aurait ouvert la lumière sur ce sombre tableau. Nous lisons sur internet, une fois ici évidemment, que le Honduras est le pays avec le plus haut taux de criminalité au monde. Nous le vivons aux premières loges. Nous discernons que leur sécurité est délicate, et nous ressentons que la nôtre l'est aussi. Notre liberté du début s'est tranquillement réduite à la peur de s'éloigner.

Avec Martin, nous avions commencé la course à pied dès notre arrivée, chacun notre tour. Je me suis vite arrêtée quand un après-midi, vers 1400, une moto s'est mise à me suivre. J'avais commencé à courir avec de grosses pierres dans chaque main à cause des chiens errants ; maintenant suivie, je manie nerveusement mes doigts autour de chaque pierre. Je cours un peu plus vite. Puis à un tournant de rue, la moto me dépasse rapidement pour venir s'arrêter juste devant moi, me coupant le chemin.

Je suis un peu prise de panique en voyant le conducteur me bloquer la route. Il me suggère fortement, en quelques mots brefs, de changer de direction. Le quartier devant moi est beaucoup trop dangereux. Je retourne chez moi dans une course plus rapide que toutes les dernières, mes idées allant encore plus vite dans ma tête. Sans trop s'en rendre compte sur le moment, nous avons tous une peur grandissante qui nous gruge par en dedans. Après tout, l'exercice physique vaut bien peu comparé à la sécurité et la survie personnelle.

La ville de El Porvenir est entourée de champs d'ananas, mais les locaux n'en mangent pas. C'est trop cher. Ces ananas sont pour l'exportation. Plusieurs hommes pêchent le poisson et la langouste pour subvenir aux besoins de leur famille. Ils vendent leurs collectes aux restaurants ou au marché. Ils n'en mangent pas non plus. C'est plus payant de le vendre que de le manger. Ils mangent du riz, des légumineuses, du poulet frit maigre, des tortillas maison et les fruits dont la nature regorge naturellement.

La chaleur du midi est loin de tout ce que nous avons connu, nous obligeant à rechercher de l'ombre. Il doit faire entre 35°/40 °C, de jour comme de nuit, plus le facteur humidité. Évidemment, nous n'avons pas d'air climatisé. Mais la nuit, avec les fenêtres bien ouvertes, nous réussissons tout de même à bien dormir. Nos corps s'habituent. Heureusement que nous avons un grand lit double !

Nous devons marcher un peu moins de cent pas pour se rendre à l'école. En revenant, nous achetons chaque jour des fruits locaux au petit monsieur qui tient son stand sur sa bicyclette. Il nous salue chaleureusement, avec plusieurs dents manquantes, et nous enseigne comment manger ses fruits, souvent nouveaux pour nous.

Nous profitons des week-ends pour explorer les alentours et le pays. Pour notre première sortie, nous allons à la montagne Pico Bonito avec une volontaire et son copain hondurien, Mario. La porte d'entrée du parc national étant chez un paysan, il nous charge non officiellement 45 $ US pour accéder au parc. Notre couleur de peau nous fait encore défaut, signifiant pour certains que nous sommes un portefeuille ambulant. Au moins, la marche est belle. Mario connaît très bien la faune et la flore. Il nous les enseigne tout au long de cette randonnée de quelques heures. Nous sommes ravis d'être avec lui.

Il nous pointe des insectes plus petits qu'une pièce de monnaie et plus venimeux qu'une veuve noire. Nous récoltons à la base des arbres d'énormes graines marrons en forme de cœur. La graine est plus grosse qu'une balle de golf et a la capacité de traverser la mer des Caraïbes. Puis elle se repose sur les berges des Bahamas ou des Caraïbes. Nous en avions d'ailleurs trouvé aux Bahamas, quelques mois plus tôt, sans trop se rendre compte de sa provenance et de son long chemin !

Nous marchons dans cette forêt enchantée où la cime des arbres semble toucher le ciel et où la grosseur des feuilles ultra vertes dépasse largement nos bras. C'est une de ces forêts tropicales dans laquelle je ne voudrais absolument pas me perdre seule pour la nuit. Il y a tellement de bruits de jungle que l'on s'entend à peine penser. Deux heures de marche plus loin, nous arrivons au pied d'une cascade où l'eau est d'une transparence et d'une fraîcheur surprenantes. Nous nous baignons joyeusement, seuls au monde. Mis à part les toucans, les singes, les panthères et les millions d'insectes camouflés, trop discrets pour qu'on les aperçoivent.

Le week-end suivant, il y a une grande fête au village et il y a beaucoup de bruit. Avec les enfants, nous ne voulons pas risquer leur sécurité alors nous restons à notre appartement. De toute façon, la fête commence beaucoup trop tard, soit vers 2300. Vers 0100 du matin, Martin me réveille en me disant qu'il a entendu un coup de feu. Chasseur lui-même, il reconnaît sans hésitation le bruit précis d'une carabine. Nous ne dormons que sur une oreille le reste de la nuit, avec des pensées et des conversations macabres. Effectivement, nous apprenons au matin qu'il y a eu un meurtre cette nuit-là sur la plage, tout près de notre appartement. Un règlement de compte, nous disent-ils. Nous refusons maintenant d'aller sur cette plage déjà désertique.

25 août 2017 — El Porvenir, Honduras vers Cayos Cochinos, Honduras

Quotidiennement, nous baignons de plus en plus dans une énergie suffocante. La peur des gens est palpable et nous en sommes fatigués. Nous commençons à avoir peur pour notre propre sécurité, mais surtout pour celle de nos enfants. Nous avons un besoin vital de tranquillité. Nous décidons d'aller quelques jours sur cette île déserte, paraît-il paradisiaque : Chayo Cochino, tout près de Roatan. Roatan étant une destination touristique internationale, nous anticipons un séjour un peu plus tranquille. Nous avons besoin de nous retrouver dans un endroit calme avec une tranquillité d'esprit. Seulement, nous avons sous-estimé le chemin pour s'y rendre.

Certains locaux nous déconseillent fortement d'y aller et d'autres nous disent que c'est possible, mais de jour seulement. L'organisation qui nous accueille pour le bénévolat nous assure que c'est sécuritaire. Il nous faut faire une heure de taxi pour se rendre au fin fond de la jungle jusque dans un petit village à la mauvaise réputation. De là, nous devons embarquer dans une barque en bois pendant une autre heure. Nous ne savons plus à qui faire confiance. Mais l'envie de relaxer est plus grande que le danger de s'y rendre.

Cette course folle en taxi nous prend à la gorge. Pour une des rares fois dans notre vie, Martin autant que moi sommes obligés de faire confiance à notre destinée. Nous devons nous convaincre que nous avons d'autres choses à accomplir, que nous ne pouvons pas mourir ici, simplement. Que notre vie n'est pas terminée. Le chauffeur de taxi, complètement zélé, fait du slalom entre les autobus, les taxis et les autres voitures sur une des routes les plus terribles jamais empruntées, avec des trous à faire bondir les enfants et leur faire cogner la tête au plafond. C'est même surprenant qu'on n'ait pas perdu une roue en chemin.

Malgré nos demandes constantes de ralentir, le chauffeur va à une vitesse excessive avec des accélérations et des ralentissements plus dangereux les uns que les autres. Il dépasse chaque voiture possible et frôle les autos de si près que nous retenons notre souffle à chaque fois. Il passe si près de certains piétons qu'il manque leur enlever la vie sans même le savoir. Et toutes les motos qui sortent de nulle part, elles semblent s'envoler de tous les côtés. Comme s'il devait absolument battre son propre record de vitesse ou je ne sais quoi. Impossible de le faire ralentir. Nous avons l'impression de ne plus rien contrôler et que notre chauffeur de taxi tient la vie de notre famille entière au bout de ses doigts.

Une fois traversés les quelques villages, le trafic diminue. Notre stress aussi. Nous voilà sur un petit chemin de terre dans le milieu de la jungle. Nous traversons un immense champ de palmiers cultivés pour l'huile de palme. Ceux dont le tronc est immense et dont les feuilles sont longues et effilées, bien différents des palmiers typiques de la route A1A en Floride. Une grosse heure plus tard, nous arrivons sains et saufs au fameux village côtier. Soulagés de débarquer de cette maudite voiture, nous sommes toutefois aux aguets. Évidemment, nous n'avons aucun bijoux et sommes habillés le plus modestement possible, avec uniquement un sac à dos sale comme valise. Nous tenons très fermement la main des enfants.

Nous sommes maintenant devant une maison où se trouvent adossés une trentaine d'hommes et de garçons. Ils ont l'air d'attendre du travail ou peut-être autre chose... Ça sent la mer salée et l'énergie est lourde. La jungle semble envahir le bâtiment. Il y a de vieilles bagnoles partout. Notre chauffeur discute discrètement avec l'un d'entre eux, lui donne notre prix et notre argent comme s'il effectuait une contrebande. Nous sommes sur nos gardes, saluant brièvement en espagnol quelques-uns d'entre eux. Nous essayons de ne pas avoir l'air d'une cible touristique facilement attaquable. Nous regardons discrètement tout autour de nous.

Je suis presque paniquée de voir notre chauffeur de taxi familier repartir aussitôt, en lui rappelant une dizaine de fois de revenir nous chercher au même poste, trois jours plus tard, à 1300 pile. Comme s'il était notre seul point d'ancrage avec le reste du monde civilisé. Le cellulaire n'ayant aucune transmission par ici, nous nous sentons totalement vulnérables. Nous n'avons qu'une minuscule idée de l'endroit où nous nous trouvons géographiquement. Tout pourrait arriver. Nous devons faire confiance aux gens qui nous entourent, même si nous ne les connaissons pas du tout. Surtout, nous devons faire confiance à notre destinée. Je me ressaisis et nous embarquons dans une barque en bois avec trois hommes d'ici.

L'eau de la rivière est brun café au lait. Non loin de l'embarquement, nous voyons les femmes du village, les pieds dans la rivière, en train de faire la lessive familiale. Il y a déjà beaucoup de vêtements à sécher sur les rochers et sur les troncs d'arbres. Les enfants jouent autour, se lavent, se baignent et s'amusent dans la rivière. D'autres femmes cuisinent sur un feu. J'ose espérer qu'elles ne font pas leurs cuissons avec l'eau de cette même rivière. Leur présence me rassure.

Puis nous arrivons à l'entrée de la mer où un troupeau de vache traverse ce même cours d'eau. Je me sens, pour un moment, transportée dans un film documentaire sur l'Inde et les rives du Gange. Une lamelle de sable s'est formée avec les courants de la mer. Deux des hommes sortent de la barque pour nous donner un élan. Puis nous nous éloignons de la terre ferme vers absolument rien à l'horizon, dans la mer des Caraïbes. Vers, nous l'espérons, une île isolée et inconnue. Nous en avons pour une heure de trajet dans cette barque en bois. Je me demande si un pirate viendra nous chercher entre temps.

Nous sommes extrêmement soulagés de voir quelques îles apparaître à l'horizon. Nous avons maintenant l'espoir réel d'y arriver. Plus nous nous approchons, plus l'eau semble claire et le fond marin vivant. Une fois bel et bien les pieds sur l'île, nous débarquons sur un long quai et regardons la barque s'éloigner dans un mélange de soulagement et de fierté. Nous sommes sains et saufs !

Un Américain nous accueille et nous installe dans notre hutte louée par l'entremise d'AirBnB. Les commentaires du site populaire nous avaient mis en confiance à l'égard de l'endroit. Ce fut une pause fraîche, calme et relaxante. Un arrêt convoité et amplement mérité. Les enfants peuvent enfin courir sans que nous soyons constamment sur leurs talons ou que nous leur tenions solidement la main. L'île est si petite que nous en faisons le tour à pied en une vingtaine de minutes.

L'eau est mystérieusement très chaude et claire. Nous avons la chance d'observer longuement des calamars nager et une pieuvre se camoufler dans le sable, entre autres. Nous mangeons des noix de coco fraîches à profusion et nous nous lions d'amitié avec le propriétaire. Nous relaxons sans pression ni danger imminent. Plus personne ne veut quitter ce petit paradis, ni même son propriétaire. Nous rêvons maintenant à notre cocon laissé à Curaçao, notre bulle propre et sécuritaire. L'envie de retourner chez nous grandit.

Après trois jours de calme total, nous devons affronter le chemin du retour. Il fut tout aussi intense mais au moins, le chauffeur de taxi était au rendez-vous. C'était quand même rassurant malgré l'angoisse du chemin à refaire en sa compagnie. Nous rentrons tous à El Porvenir un peu à reculons.

« Ceux qui n'ont rien partagent le plus. Ils connaissent le vrai sens du mot générosité. »

– Armelle Hilmoine

CHAPITRE 17 | UNE DURE RÉALITÉ

28 août 2017 — El Porvernir, Honduras

Une petite routine s'est rapidement installée. Le bénévolat la semaine, l'exploration la fin de semaine. Pour aller réapprovisionner notre minime garde-manger, nous devons nous rendre au marché de La Ceiba, ville principale, soit par autobus, soit par taxi. En plein jour, nous prenons l'autobus avec les gens du village. Le trajet d'une soixantaine de kilomètres ne coûte que quelques sous. Pour revenir vers le début de soirée, nous prenons le taxi. Les vols à main armée dans les autobus et les taxis arrivent le plus souvent dès que le soleil se couche. C'est sûrement pour cette raison qu'ils conduisent tous à une vitesse exagérée.

La ville de La Ceiba est chaotique. Il faut à peu près une heure de bus pour s'y rendre. Il y a des déchets partout et les gens semblent pressés d'aller nulle part. Les voitures s'entrecroisent sans signalisation dans un bordel incompréhensible. En marchant, nous nous concentrons à rester hors d'atteinte des conducteurs. Nous allons souvent au marché extérieur, qui est juste à la descente de l'autobus. Nous y trouvons de tout. Les fruits sont délicieux et peu chers. Nous nous gavons de noix de coco et de ramboutan[16], incapables de nous arrêter. Nous nous sommes accoutumés au marché local et aux produits locaux, ne cherchant plus depuis longtemps des produits de chez nous. Nous savourons les spécialités de la région et adorons découvrir des nouveaux mets. Nous mangeons dans les casse-croûtes avec les paysans : riz, poulet frit extra maigre et légumineuses, la plupart du temps. Je me demande encore comment nous avons fait pour ne pas être malades tous les cinq avec cette diète locale.

Tant qu'à être dans cette ville, nous explorons un peu. À notre grande surprise, nous trouvons un mini format de Walmart et un Pizza Hut. Nous ne rencontrons aucun touriste, mis à part les quelques bénévoles de l'organisation. Les maisons sont de vraies maisons, avec un plancher et un toit étanche, des fenêtres barricadées et des murs en béton peints en guise de clôture.

En marchant au centre-ville, nous découvrons le cours d'eau qui traverse La Ceiba, sale et dégageant une odeur dégoûtante. C'est tellement pollué. En bord de mer, l'eau est brune, opaque et pas de tout invitante à la baignade. La végétation luxuriante enveloppe continuellement la ville grandissante, faisant disparaître la triste pollution sous les racines et les feuilles.

Nous évitons les quartiers les plus dangereux. Nous essayons toujours de revenir avant la tombée du jour. Les Honduriens nous disent de ne pas faire confiance aux taxis. Alors lequel choisir ? Nous nous fions à notre instinct qui nous a miraculeusement bien servi jusqu'ici. Martin s'assoit toujours devant tandis que je tiens les

---

[16] Un petit fruit local, sucré et succulent.

enfants serrés dans l'auto, assis tous les quatre sur la banquette arrière.

Certaines personnes de El Porvenir nous confient qu'ils ne vont même plus en ville depuis que c'est devenu beaucoup trop dangereux. La peur est viscérale et s'infiltre partout. Elle pénètre sournoisement nos entrailles sans trop qu'on s'en rende compte. Avec nos trois enfants à protéger, nous devenons de plus en plus méfiants. Nous marchons vite et regardons partout, tout le temps. Leurs mains sont toujours bien solidement ancrées dans les nôtres.

Quand nous entrons dans un nouvel endroit, je regarde maintenant les sorties possibles, autres que la porte d'entrée. Je cherche les issues, les armes à agripper pour me défendre au besoin (bâton, chaise, etc.). Les enfants sont très près de nous, à tout moment. Nous devenons plus craintifs pour nous mais surtout pour nos petits. Plus que jamais, notre vie semble tenir à un fil, si fragile, si délicate, si éphémère...

En revenant de La Ceiba à la nuit tombante, un chauffeur de taxi aimable nous raccompagne. Le trajet dure à peu près 45 minutes. Celui-ci nous raconte comment il rêve de vivre ailleurs. Il nous explique sa réalité quotidienne. Il ne se sent jamais en pleine sécurité, craignant pour lui-même, pour sa famille. Nous sommes attristés d'entendre son discours.

Puis juste avant d'entrer dans notre village, sur le chemin maintenant englouti par la noirceur, entouré de champs d'ananas, le chauffeur s'arrête sec. Un accident vient tout juste de se produire. Il n'y a pas de lumière de route. Une voiture les phares éteints nous a dépassés en flèche il y a à peine quelques secondes.

Nous apercevons devant les phares de notre voiture deux enfants de 12-14 ans, allongés au milieu de la chaussée. Immobiles, ils sont un peu de travers à côté de leurs bicyclettes fracassées. Nous cachons les yeux de nos enfants. Plus de mouvement, du sang qui coule. Nous sentons leur esprit hésitant à les quitter. La voiture s'est enfuie. Pas d'ambulance disponible. Aucune police ne rendra justice à ces deux pauvres victimes ni à leurs familles. Aucune ressource pour les aider.

Furieux, nous disons au chauffeur de taxi que la caserne de pompiers est à trois minutes devant nous. Il s'empresse de s'y rendre pour alerter les pompiers de l'accident, dans l'espoir de sauver leurs corps. Le chauffeur de taxi est sous le choc. Nous lui payons un Pepsi avant qu'il puisse reprendre sa route. Nous sommes tous secoués. Leurs visages resteront gravés longtemps dans ma mémoire.

2 septembre 2017 — El Porvenir, Honduras

C'est samedi. Nelson ne se sent pas bien, il a attrapé une grippe. On sait que quand ça lui arrive, ses poumons s'infectent très souvent et qu'il fait instantanément une crise d'asthme, parfois suivi d'une bronchite, quelques fois même d'une pneumonie. En situation normale, je ne m'inquiète pas trop. Au Canada, les soins sont rapides et efficaces. Mais ici, je panique. J'ai peur que sa condition s'aggrave. Il est en repos total, le temps qu'il récupère. Interdiction pour lui de jouer, de courir, ni même d'aller dehors. Je le tiens sous une surveillance obsessive.

La nuit tombe. Évidemment, sa condition chute en même temps que le soleil disparaît. Les pompes bronchodilatatrices ne fonctionnent plus. Il manque d'air. Il a besoin de cortisone liquide. Nous connaissons les étapes. C'est du déjà vu pour lui et pour nous. Sauf qu'ici, c'est différent. Il doit aller à l'hôpital. Il doit aller à La Ceiba, une heure plus loin dans cette nuit noire. Il doit prendre un taxi. Il doit recevoir un traitement d'oxygène. Il est très faible. Il ne pleure pas, il n'en a pas l'énergie.

J'ai peur. Peur pour mon petit garçon, comme à chaque épisode de crise d'asthme aigüe non contrôlable. Pire, j'ai peur d'aller à l'hôpital ! J'ai surtout peur de m'y rendre. Il est minuit. Nous craignons de prendre un taxi à cette heure. De se rendre en ville, de se faire attaquer en chemin. Nous décidons que Martin s'y rendra, c'est le plus brave d'entre nous deux. Mais ça signifie que je dois rester seule, ici, avec nos deux plus grands.

Pas question de prendre un taxi à cette heure. Il n'y a pas d'ambulance ici. Nous essayons en vain de rejoindre les pompiers. Nous réussissons à rejoindre les policiers. Ils viendront escorter Nelson et Martin à l'hôpital. Mais les policiers sont tellement corrompus... Ils arrivent une vingtaine de minutes plus tard. Nelson et Martin partent ainsi, me laissant derrière, totalement dénuée de pouvoir. Je reste seule dans la rue désertique à les regarder s'éloigner en refoulant mes sanglots. Je me répète continuellement que je dois rester brave pour mes enfants.

Je m'inquiète atrocement et les idées tournent trop vite dans ma tête. Je me crée des scénarios des plus atroces, comme un film d'horreur. Il est 0400 du matin et je n'ai pas encore fermé l'œil de la nuit. J'ai peur pour mon garçon. Peur pour mon amour. Peur de cette ville meurtrière. Peur que cette ville ne les efface à jamais sans laisser de traces. Peur de cette nuit noire. Une peur viscérale de la part d'un cœur de maman.

Mes deux hommes sont partis dans je ne sais quel hôpital dont j'ignore la condition. Nelson doit recevoir des soins sinon il manquera d'air. Et s'il manque d'air trop longtemps, je ne cesse de m'imaginer les conséquences possibles. Ils sont dans une ville où le taux de criminalité est un des plus haut mondialement. Surtout la nuit. Et il fait nuit. Une nuit noire. Noir charbon. Je n'ai aucune façon de les rejoindre. Aucune façon de savoir où ils sont, dans quel hôpital ils se sont rendus, qui sont les policiers qui les ont emmenés. Je ne sais rien.

Je nous sens si vulnérables. N'ayant plus aucun contrôle de ma destinée, aucun contrôle de ma vie. Je m'efforce de faire confiance aux policiers qui sont venus les escorter. Je dois absolument faire confiance à la vie. Je dois laisser aller. Je dois me résigner. Je dois patienter. Je me le répète inlassablement, complètement impuissante.

Mon soulagement de voir mes hommes revenir au courant de l'avant-midi est plus grand que réel. J'ai eu si peur, je suis si exténuée. Nous nous collons tous les uns contre les autres pendant un long moment. Nous sommes si reconnaissants à la vie, si reconnaissants d'être ensemble et réunis.

Martin me raconte qu'ils ont été dans un hôpital privé. Celui-ci est beaucoup trop cher pour la plupart des habitants, avec des gardes armés à l'entrée qui n'acceptent pas les fauteurs de troubles la nuit. Il était plus sécuritaire que les autres. Leur facture est montée à 20 $ US, incluant les soins hospitaliers et une chambre privée. En sus, il y avait une belle lignée de fourmis à la tête du lit de Nelson qui passa la nuit à les regarder aller et venir. Sa condition est maintenant stable et Martin est sain et sauf.

Tristement, presque aucun habitant ne peut s'offrir ces soins médicaux. Même à ce prix qui nous semble dérisoire. Plusieurs meurent encore d'asthme, de diabète non soigné, de cholestérol ou de maladies considérées comme bénignes en Amérique du Nord.

> *« Cet épisode nous fait vraiment réaliser à quel point nous sommes privilégiés de vivre au Canada, en sécurité, dans un pays libre. De ne pas avoir cette peur viscérale qui nous suit partout, peu importe où nous allons. D'avoir accès à une éducation de (bonne) qualité, à un système de santé (quasi) irréprochable, à un système judiciaire beaucoup moins corrompu.*
>
> *Nous avons (presque) tous un toit pour s'abriter, de la nourriture en trop, des vêtements pour toutes les saisons et souvent bien plus que nous pouvons en porter. Nous sommes si riches et nous ne le savons même pas. À grand tort, nous prenons pour acquis ce que nous avons et ce qui nous entoure. Ce n'est que lors d'épreuves comme celles-ci que nous pouvons profondément réaliser la chance que nous avons de vivre dans un des plus beaux pays au monde.*
>
> *Notre respect envers notre pays est énorme. J'ai un élan patriotique. Nous sommes Canadiens et nous en sommes tellement fiers ! »*

La crise d'asthme de Nelson nous indique clairement qu'il manque d'air, qu'il étouffe, inconsciemment et littéralement. Comme nous tous d'ailleurs. Nous asphyxions à petit feu. À mon grand désarroi, je remarque que mes cheveux tournent au blanc. J'en ai des poignées qui poussent subitement sur le haut de la tête. Nous constatons à quel point le stress influence notre corps et notre esprit.

Nous voulons à tout prix réduire l'inquiétude de notre vie. Nous sentons qu'il est temps pour nous de partir. De rentrer dans notre bulle de confort propre et sécuritaire. De trouver un endroit où le danger imminent est moindre. D'aller dans un pays où nous pouvons laisser nos enfants courir et jouer innocemment sans notre surveillance constante. Sans la peur permanente qu'il leur arrive une tragédie. Où nous pourrons baisser nos gardes et respirer profondément.

Nous sommes épuisés de vivre dans ces conditions si différentes de notre réalité. Où il y a un risque perpétuel de danger, de santé précaire, de coquerelles partout, de maisons poussiéreuses, de trafic incessant, de quartiers à éviter, d'instabilité, d'insalubrité, de nourriture peu variée et faible en valeur nutritionnelle, de surveillance constante, de systèmes sociaux primitifs, de corruption. La peur est omniprésente.

C'est vrai que la plupart des meurtres sont entre les gangs, causés par la drogue, mais il arrive que des touristes disparaissent. Nous ne voulons pas risquer d'éventuels traumatismes non nécessaires pour nos enfants. À quoi bon ? Nous sommes privilégiés de pouvoir nous en aller, contrairement à eux. Ils sont nés ici. Ils doivent assumer, rester. Ils sont incapables de soupçonner toute la différence possible d'une vie de l'autre côté des frontières. La vie est injuste. Il n'y a que ces gens à qui l'on s'est attachés qui nous ont retenu dans ce pays jusqu'ici.

Nous avons vécu une expérience complète, nous devons maintenant savoir quand arrêter. Nous devons être francs et réévaluer notre tir. Nous devons savoir quand mettre un terme à un projet qui ne tourne plus rond. Nous devons avoir la sagesse de réajuster nos plans à tout moment et d'agir rapidement. Pour notre propre santé et pour celle de nos enfants. Leur sécurité passe avant tout, avant nous-mêmes, avant nos besoins d'accomplissement, nos rêves, nos désirs, nos aspirations. Nous informons l'organisme que nous arrêterons notre mission trois semaines plus tôt que prévu, soit dans deux jours.

Je cherche à modifier nos billets d'avion mais les frais seront multipliés par cinq donc trop onéreux. Nous regardons nos options et décidons d'aller explorer les ruines de Copàn, à la frontière du Guatemala. Une petite ville ultra touristique où nous pourrons demeurer en attendant notre départ. Les dépenses de notre séjour là-bas seront moins élevées que les frais de changement de nos billets d'avion.

Nous passons deux jours à dire au revoir aux locaux auxquels nous nous sommes attachés. Les enfants honduriens ont une générosité débordante, un regard scintillant, une réalité si différente, une vulnérabilité sincère et une innocence d'enfant perdu qui me rendent incapable de résister à leurs accolades. Et elles fusent de partout.

Une petite marche dans la rue suffit pour que les enfants crient nos noms et accourent nous rejoindre. Pas surprenant d'avoir une dizaine de bambins autour de nous pour marcher jusqu'au dépanneur où nous allons chercher un pain. Notre comité d'accueil à la rentrée des classes va nous manquer. Tout comme tous ceux qui courent nous rejoindre dès que nous allons au parc avec un ballon. Les parents des enfants aussi. Et dire que l'espagnol de nos enfants commençait tout juste à fleurir ! Ils formulent maintenant quelques phrases simples et comprennent la moitié d'une conversation. Témoins d'une misère humaine que nous sommes incapables de soulager efficacement, nous partons le cœur bouleversé, soulagés de quitter cet endroit risqué mais tristes de laisser ces gens derrière nous.

> *« Je me sens coupable de les laisser derrière moi, incapable de les aider d'avantage. Ils sont si aimables, si attachants, si purs. Ils ne possèdent absolument rien et ils partagent sans restriction, sans calculer, sans limite et sans rien attendre en retour. Je suis bouleversée par leur générosité qui va bien au-delà de notre culture occidentale et de leur amabilité sans pareil.*
>
> *Les familles n'ont pas de matériel, ils n'ont pas de voiture, ils n'ont pas de télévision neuve dernier cri, ils n'ont pas de jouets. Ils n'ont qu'un abri précaire, quelques vêtements, un peu de nourriture, un cellulaire. Pourtant, ils sont fiers, ils sont souriants, ils prennent soin l'un de l'autre, ils sont immensément généreux.*
>
> *Je repars plus riche du cœur que quand je suis arrivée avec une ferme conviction que je n'ai plus besoin de biens matériels pour être heureuse. Notre bonheur vient de l'intérieur. Notre bonheur*

vient du cœur. Il réside dans la simplicité. Le matériel qui nous entoure facilite certes, mais il n'est pas indispensable. Il est bien superflu. Outre l'essentiel, il est même encombrant. Avoir autant de biens à s'occuper fatigue notre esprit et alourdit notre liberté.

Nous ne pouvons pas acheter pour nous sentir plus heureux, ce serait se mentir à soi-même. Car ce bonheur compulsif ne dure que quelques secondes. Puis nous nous sentons plus vides qu'avant, avec moins d'argent. Pire encore, avec une dette plus grosse. Le peuple hondurien m'a appris à regarder avec les yeux du cœur, au-delà des possessions. Je me demande réellement qui sont les plus pauvres, eux ou nous...

Avons-nous oublié quelles sont nos vraies valeurs fondamentales importantes ? Les Occidentaux ne devraient-ils pas être en avance sur le tiers monde ? Après tout, notre indépendance personnelle déroutante n'est peut-être pas si nécessaire que nous le croyons. »

« *Dire à un cœur de mère de ne pas s'inquiéter est comme ordonner à l'eau de ne pas mouiller.* »

– Auteur inconnu

CHAPITRE 18 | L'ENVERS DE LA MÉDAILLE

5 septembre 2017 — El Porvenir, Honduras

La veille de notre départ, nous avons une belle nouvelle. Mario, notre guide du tout début, veut aller visiter sa famille dans sa ville natale, Marcala. Il nous invite spontanément à nous joindre à lui. Il nous assure que la vie est plus belle en montagne, loin des grosses villes dangereuses. Que l'air est doux et frais. Que les gens sont généreux et accueillants. Il accepte volontiers de nous guider à travers son pays. Il est heureux de nous faire découvrir ses beautés. Sans hésitation, nous passons les prochains jours avec lui.

Un trajet de neuf heures en autobus voyageur nous amène donc à Marcala. Un village niché dans le haut des montagnes où la température chute dramatiquement. Le trajet est toujours aussi ahurissant mais nous nous sentons faussement plus en sécurité dans cet autocar. Une fois à Marcala, il nous semble faire froid à 25-30°C. L'air a perdu son humidité de la côte et est très rafraîchissant. Tellement que nous avons besoin d'une couverture la nuit, grelottant, cherchant à se blottir l'un contre l'autre. Le matin, nous avons tous le frisson n'ayant pas assez de vêtements chauds. Il me semble que je porterais bien ma doudoune. Le contraste de température est frappant.

La famille du frère de Mario nous héberge gracieusement dans sa maison. Les enfants de 7 et 10 ans nous adoptent rapidement et viennent explorer les environs avec nous. Ils nous font découvrir fièrement leur coin de pays, des aliments inconnus et encore nouveaux. Nous sommes traités comme des rois. Mario nous amène chez ses amis où la dame nous fait goûter les repas du terroir, dont une pâte cuite dans des feuilles de bananiers.

Le lendemain, elle nous cuisine fièrement des plats typiques pour notre plaisir de découvrir. Elle m'apprend joyeusement à faire des tortillas maison délicieuses, cuites sur le feu. Elle nous ouvre sa maison sans gêne, avec une générosité déroutante. Nous passons quelques journées à explorer ainsi la ville natale de Mario, à vivre comme les locaux, à prendre un taxi à dix personnes entassées plus le conducteur. À manger local, à visiter une grotte immense, à faire une randonnée en montagne, à se baigner dans une chute glaciale, à errer au marché extérieur. Le stress descend d'un bon cran. Ici, nous nous sentons beaucoup plus en sécurité.

Grâce à Mario, nous avons l'opportunité de faire un tour guidé privé d'une plantation de café. Cette plantation récolte, sèche, trie mécaniquement, écaille, trie encore à la main, empoche et distribue le café à l'extérieur du pays. Le processus est long, précis et laborieux. Ça nous fait apprécier davantage cette précieuse boisson que nous buvons quotidiennement. Cette plantation de café exploite aussi l'aloès. La propriétaire nous montre sans hésitation tout le processus, de la culture à l'embouteillage, sans oublier aucun détail ni trop se presser. Plusieurs heures plus tard, nous repartons avec dix paquets de café en grains et deux bouteilles de jus d'aloès.

En chemin, Betsy se fait piquer le pied, encore une fois, par une fourmi rouge. Vorace, ce petit insecte arrache un morceau de peau en laissant une sensation de brûlure vive. Betsy développe une réaction inflammatoire intense et instantanée à ces piqûres. Elle a le pied tellement enflé que ses orteils disparaissent comme dans un ballon trop gonflé. Son pied est chaud et douloureux. La dame qui nous accueille applique un peu de pommade locale naturelle à base de cannabis. Comme par magie, au lieu de plusieurs jours d'inflammation douloureuse comme les fois précédentes, son pied reprend miraculeusement une forme acceptable dès le lendemain. Le jour suivant, nous allons chercher deux pots de ce remède miracle !

Les gens nous expliquent leurs remèdes de grands-mères encore utilisés. Par exemple, pour contrer l'asthme, ils vont à la recherche d'une grosse fourmi bien précise dans le haut des montagnes pour en extraire l'abdomen. Nous n'avons pas osé essayer... Ils ont toutes sortes de façons de soigner les malades. C'est vrai que la plupart ne peuvent pas recourir au système médical d'aujourd'hui. Ils doivent donc se contenter de remèdes naturels, des recettes qui sont malheureusement oubliées depuis longtemps chez nous.

Quatre jours déboulent très rapidement. Nous repartons en même temps que Mario. Lui retourne à El Porvenir, nous, vers une autre direction, soit Copàn. C'est ici que nous nous quittons. Nous remercions chaleureusement notre guide privé, maintenant un ami.

Sans lui, nous n'aurions jamais pu découvrir le Honduras de cette façon, simple et agréable.

Durant un transfert d'autobus, nous ne nous attardons pas à flâner dans cette grande ville où tout peut arriver. J'ai l'impression de courir dans la station avec nos enfants et tous nos bagages. Martin a l'air d'un âne surchargé avec nos valises qui semblent à ce moment trop lourdes et trop nombreuses. Il y a beaucoup de monde et nous tenons fermement autant les enfants que les bagages. J'ai chaud. Martin transpire. Nous avons quitté l'air frais des montagnes. Nous regardons partout et tout le monde tout en courant vers notre prochain bus qui semble être à des kilomètres plus loin dans cette immense gare. Un marathon en soi. Une fois en sécurité dans le prochain autobus, nos gardes baissent d'un cran. L'un de nous ressort chercher de la nourriture pour le groupe.

Plusieurs heures plus tard, il nous faut faire un autre transfert dans une petite ville pour ensuite terminer la route avec un taxi vers notre destination finale. En descendant de l'autobus dans ce petit terminus en terre battue, nous nous sentons un peu perdus au milieu de nulle part. Un chauffeur de taxi nous demande où nous allons. Nous lui répondons à Copàn. Sans qu'il nous pose la moindre question de plus, nous partons aussitôt. Nous parcourons un chemin de quelques heures avec lui. Je ferme les yeux, choisissant d'ignorer la route et ses dangers.

Une fois arrivés à Copàn, nous nous émerveillons. Le centre-ville est très joli, ancien, avec de vieilles routes de pierres. Le chauffeur nous demande à quel hôtel nous allons : l'auberge Iguana Azul. Après un long moment, impossible de la trouver. Nous demandons aux locaux et personne ne semble connaître l'auberge que j'ai réservée.

J'ai aussitôt le sentiment que quelque chose ne va pas. J'appelle notre auberge. Après une brève description de l'endroit où nous nous trouvons, la réceptionniste me dit que nous ne sommes pas dans la bonne ville, pas dans le bon Copàn! Quoi? Il y a plusieurs Copàn? Le chauffeur nous a conduits à Santa Rosa de Copàn tandis que nous voulions aller à Copàn Las Ruinas. Mais ça va pas la tête? Quand un touriste demande du Manitoba, Canada : « Où est Washington ? », il faudrait peut-être lui demander s'il parle de l'État ou de la ville, non ?

La tension monte aussitôt entre le chauffeur de taxi et nous et il nous dépose rapidement à un arrêt d'autobus pas très loin. Insultés, fatigués, écœurés, même dégoûtés, nous ne payons qu'à moitié le prix du trajet. Lui-même choqué, il repart en vitesse en nous insultant. Ça lui apprendra à *nous* faire perdre tout ce temps sur ces routes de fou !

Il n'y a qu'un autobus miniature. Après avoir demandé 15 fois au chauffeur s'il va bien à la ville touristique où les ruines se trouvent, nous déposons nos bagages dans l'autobus et courons chercher un petit coin. Au diable s'il part avec nos valises. Nous sommes tellement désabusés que plus rien ne compte, mis à part nous cinq, ensemble, en chair et en os. Nous achetons le peu de nourriture sur laquelle nous pouvons mettre la main et revenons vite à l'autobus. Le chauffeur nous attend patiemment.

Apparemment, nous sommes les derniers à embarquer car nous partons aussitôt. Heureusement, il nous conduit à la bonne destination. Nous arrivons trois bonnes heures plus tard, beaucoup plus à l'est. Mais quelle route affolante. Une fois de plus, nous croisons les doigts. Nous nous mettons à prier pour qu'aucun accident ne vienne mettre fin à notre vie, ici, maintenant. Le conducteur roule si vite, les dépassements se font de si près, les trous dans la route sont si gros, et personne n'est évidemment attaché. Nous avons tellement hâte d'arriver à destination. Hâte de sortir de toute embarcation roulante et de s'installer dans l'auberge pour les deux prochaines semaines sans bouger. Qui a dit qu'un voilier était dangereux encore ?

En chemin, je m'assois à côté d'une jeune femme qui ne me semble pas plus vieille que 20 ans. Elle me raconte désespérément qu'elle doit partir de son village pour aller gagner sa vie en ville. Elle me confie que sa fille est restée derrière elle en attendant. Elle me parle d'un feu où elle a tout perdu. Je ne comprends pas tout ce qu'elle me dit mais bien assez pour lire la détresse dans ses yeux. Je ressens une misère humaine profonde. J'ai le cœur à l'envers, encore une fois.

> *« Dans ce moment intense, je suis tellement reconnaissante pour ma famille, pour mes choix, pour ma santé. Nous ne nous privons de rien, ni ne manquons de rien. La vie pour nous est abondante, riche et pleine d'opportunités enrichissantes. Autant avant de partir en voyage qu'en ce moment présent.*
>
> *La grande différence, c'est que j'en suis maintenant pleinement consciente et tellement reconnaissante. J'apprécie chaque moment de notre vie pleine et intentionnelle. Je ne m'accorde*

En route, nous mangeons ce que nous trouvons chez les vendeurs de coins de rues. Nous n'apportons plus de nourriture car il y a des vendeurs ambulants partout, à tout moment, à tout endroit, dans le pays entier. Nous pouvons acheter par-ci par-là des mets et des fruits locaux quand nous avons faim. Je perds tranquillement mon habitude d'avoir des collations à profusion dans chaque poche de chaque sac à dos. D'ailleurs, nous perdons aussi l'habitude d'avoir un manteau chaud pour chacun de nous. Il fait toujours si chaud ! Nous voyageons toujours plus légers et réalisons de plus en plus que nous n'avons réellement pas besoin de grand chose pour être heureux.

Enfin arrivés à Copàn *Las Ruinas* après une longue journée, nous avons l'impression d'atterrir dans un pays complètement différent. Le village est de toute beauté, les ruelles sont en pierre, les restaurants abondent, les cafés servant des expressos sont partout et les boutiques à chaque coin de rue. Il semble y avoir une clôture invisible que seuls les bienfaisants et les touristes peuvent franchir.

Clairement, le village vit du tourisme. Nous nous sentons en sécurité. Il n'y a pas de déchets ni de pollution. L'auberge de jeunesse est extrêmement propre. Nous louons une chambre privée avec deux lits doubles pour nous cinq. Il y a même de l'eau chaude dans les douches partagées. Finies les douches glaciales. Du luxe inestimable !

L'auberge offre un déjeuner complet avec des fruits frais. Nous avons sincèrement l'impression d'être une famille royale dans un hôtel de luxe. La chambre ne coûte que 13 $ US par nuit. Le personnel nous offre un service exceptionnel. Les employés sont souriants et joviaux. Nous venons d'arriver dans un petit coin de paradis. Nous sentons l'influence du Guatemala qui se trouve à près de 15 km d'ici. La réalité est bien différente de ce que nous venons de vivre et d'expérimenter. L'argent est plus abondant et le tourisme en est la principale cause. Mais quel contraste flagrant !

Nous restons dans cette ville près de deux semaines. À vrai dire, nous n'avons plus le besoin ni l'envie de visiter le pays ni d'explorer le Guatemala voisin, ni même de prendre le bus pour aller où que ce soit. Nous voulons rester ici, sans bouger, attendre notre avion en sécurité. Nous avons rarement été aussi sédentaires. Nous faisons un peu d'école en matinée, allons prendre des marches tous les jours et jouons avec une balle sur la place centrale en fin d'après-midi.

Comme toujours, les enfants attirent les enfants. Ainsi, nous rassemblons plusieurs autres bambins en jouant à la balle. Nous avons vite remarqué qu'ils ont un lancer exceptionnel, aussi puissant que celui d'un lanceur de baseball. Martin et moi en sommes complètement ahuris. Si j'étais dans le domaine du baseball, je me serais mise au recrutement dès la première journée !

Nous nous demandons pourquoi ils ont tous un bras aussi puissant, à en rendre jaloux mes enfants et moi-même. Puis, nous constatons que leur moyen de récolter des mangues requiert un lancer de pierre ferme et précis sur les fruits afin que ceux-ci tombent par terre. Et l'arbre est gigantesque... Ils ont nécessairement l'obligation de bien lancer et de bien viser s'ils veulent manger. Ce fut l'unique raison que nous avons pu trouver !

Nous profitons de ce temps pour discuter en famille de nos différents buts et nouveaux objectifs. Les enfants participent aux conversations en offrant leur point de vue que nous respectons. Nous commençons à rêver d'une vie un peu différente. Peut-être plus active où chacun pourrait s'accomplir dans le domaine qui lui plaît. Une vie qui mette en action nos talents et nous permette de continuer à créer. Autant pour nous les adultes que les enfants.

Puis, tant qu'à être dans une ville touristique, autant profiter des attractions. Nous visitons les ruines de Copàn, plus petites que ses voisines du Mexique mais plus riches en écriture maya que toutes les autres. Elles sont magnifiques. Nous sommes toujours impressionnés par l'architecture de celles-ci considérant les moyens l'époque. Comment ont-ils fait pour construire ces énormes structures avec la seule force humaine ? Le tout reste encore un mystère grandiose.

Nous discutons avec le personnel de l'auberge qui s'habitue à notre présence. La plupart des clients ne restent habituellement que quelques jours et n'ont pas d'enfants. Le personnel de jour est sincèrement sympathique. Puis les gardiens de nuit arrivent vers 1900 afin de monter la garde. Nous discutons avec eux, deux jeunes hommes d'environ 20 ans. Parfois, je les vois dormir adossés au mur extérieur, sous le canapé, sur le plancher de tuile, chacun leur tour.

Je me questionne sur leur réalité. Ils travaillent toute la journée dans les champs familiaux à récolter leur culture pour les vendre au marché. Ils font une petite sieste rapide pour ensuite venir monter la garde de nuit à l'auberge. L'argent supplémentaire vient en aide à leur famille.

En discutant plus longuement, l'un d'eux me confie qu'il a perdu sa mère bien trop jeune. Celle-ci avait un diabète non traité qui a tourné en gangrène. Elle a dû se faire amputer le bas des deux jambes. Puis elle est morte dans sa souffrance sans aucun traitement. Je suis bouleversée, attristée, fâchée de savoir que sa mère est morte sans soin. Je pleure avec ce jeune homme, encore si impuissante.

En creusant un tout petit peu, je réalise que leur réalité n'est pas très différente de celle de leurs voisins, même si les maisons du village sont plus colorées. Le touriste lambda ne voit pas cette réalité bien camouflée ou l'ignore délibérément. En effleurant les attraits touristiques, en retournant chez lui avec de nouvelles bébelles à rabais, des cartes postales et des *selfies* grandioses sur ses réseaux sociaux, il n'a pas la moindre idée de ce qui se passe au Honduras. C'est bien ce qui m'attriste le plus.

15 septembre 2017 — Copàn Las Ruinas, Honduras

Un matin, quelques jours avant de prendre l'avion, c'est la journée de la fête nationale du Honduras. Le pays entier est en arrêt et c'est la fête en ville. Nous prévoyons assister aux festivités.

Dès notre lever, Nelson a mal à la tête. Il nous jure qu'il voit double. Nous l'observons et il semble avoir un œil qui tend vers l'intérieur. Alarmée, j'appelle notre clinique d'optométrie à Québec. Je laisse un message vocal urgent en leur demandant de me rappeler aussitôt que possible.

En attendant, nous regardons sur internet ce qui pourrait provoquer soudainement une vue en double. Un trouble neurologique grave ressort plus souvent qu'autrement. Paniquée, je téléphone à nouveau à la clinique d'optométrie et avec insistance, je réussis à parler à mon docteur. Il me suggère fortement de faire osculter Nelson par un spécialiste le plus vite possible.

Je lui explique notre situation géographique avec les difficultés à sortir d'ici et il me coupe la parole. Il ne m'entend pas et me presse de voir un spécialise. Immédiatement ! Il me dit que si c'était son enfant, il ne perdrait plus une minute précieuse au téléphone et ferait tout en son pouvoir pour prendre le prochain avion pour faire un scan du cerveau.

Je frôle maintenant l'hystérie. Nous devons absolument faire quelque chose. Je rapporte ses paroles à Martin, encore calme. Il s'agite un peu plus, mais est définitivement moins paniqué que moi. Prendre l'avion signifie plus de 4 heures de bus rocambolesque pour une attente interminable à l'aéroport. Nous ignorons vers quelle destination le prochain avion nous conduirait, à quel moment de la journée et à quels frais. Le tout multiplié par 5 personnes car c'est impossible que nous ne partions pas en famille.

Mes idées tournent à mille et une par seconde. Martin suggère que nous trouvions une clinique d'optométrie ou au moins un docteur en ville. Je suis proche d'une crise de panique et j'ai les larmes aux yeux quand nous nous résignons à partir en expédition au milieu de la fête nationale, Nelson sur le dos de Martin, Betsy sur mon dos et Walace tenu fermement par la main.

Évidemment, il y a une parade. Une parade de gens et de chars allégoriques longue de je ne sais combien de kilomètres et que nous entendons de loin. Celle-ci se dirige où nous voulons aller, sur la place centrale. Toutes les rues sont fermées. Toute la population y assiste. On dirait que tous les villages avoisinants se sont réunis ici.

La fanfare arrive en même temps que nous rejoignons la parade. Nous zigzaguons à travers les tambours et les trompettes dans cette ruelle aux allures médiévales à la recherche du cabinet du docteur. C'est impossible d'aller vite. Les trottoirs sont bondés de gens. Il y a tellement de monde et de bruit. C'est irréel. On se sent en plein film d'Hollywood, sauf qu'il manque clairement les caméras... Je me sens si fragile. Aucune façon d'aller vite, de recevoir de l'aide rapidement dans ce brouhaha complet. J'ai envie de hurler dans cette cacophonie. Personne ne m'aurait entendu.

À travers la foule, au bout d'une trentaine de minutes, nous apercevons enfin le cabinet de docteur sur la rue principale. Nous nous faufilons à travers les gens entassés pour entrer, remplissons la paperasse requise puis la docteur prend tranquillement la température de Nelson. Sans presse, elle nous pose quelques questions générales et nous demande son état de santé.

J'ai l'impression d'être au cabinet de santé de ma petite fille de 7 ans qui joue au docteur avec son stéthoscope rose dans le cou. Son diagnostic : elle nous dit tout bonnement de ne pas s'inquiéter. Je me sens sur le point de virer folle. 17 $ US plus tard, nous partons à la recherche d'un cabinet d'optométrie.

Il n'y en a qu'un seul en ville. Nous marchons une bonne vingtaine de minutes entre la parade, les gens et les ruelles pour le trouver. Évidemment, après avoir localisé le cabinet, il est exceptionnellement fermé aujourd'hui pour la fête nationale. Je laisse de multiples messages vocaux. Sincèrement, il doit y avoir de la fumée qui me sort par les oreilles en ce moment. Je ne suis plus capable. Je veux mon système de santé. Je veux de l'aide professionnelle. Je veux avoir accès à un hôpital compétent. Je veux une réponse. Surtout, je veux ce qu'il y a de mieux pour mon garçon !

Martin m'ordonne de relaxer, d'arrêter de chercher, d'aller nous reposer. Il est passé midi. L'état général de Nelson ne s'est pas aggravé. Il n'a qu'un léger mal de tête. Walace et Betsy ont faim. Nous devons aller manger. Nous devrions aller coucher Nelson pour qu'il se repose. C'est la seule chose sensée à faire.

En même temps que Martin me raisonne, l'ophtalmologiste retourne mon appel. Il m'indique qu'une équipe mobile de docteurs américains est en ville pour la journée. Ils sont ici pour donner des soins oculaires gratuits et des lunettes gratuites aux gens défavorisés.

Nous courons le kilomètre qui nous en sépare et sommes accueillis par un américain senior qui nous dirige vers une salle déjà bondée de monde. Un pasteur commence son sermon afin de nous dire la bonne parole. Nous nous levons d'un bond, comme si nous nous étions assis sur un feu vif. Comme une lionne protégeant ses petits, je rage en dedans de moi. Je cherche un organisateur. J'agrippe rapidement un responsable, discute quelques secondes avec lui et il nous fait passer devant quelques dizaines de personnes attendant patiemment leur tour.

Il doit y avoir des centaines de gens réunis dans cette école de quartier, jeunes et moins jeunes. Ils attendent leurs soins oculaires. Ils ont besoin de lunettes. Certains ont besoin de bien plus mais ils devront s'en satisfaire... Ils sont incapables de se payer un rendez-vous chez un spécialiste, encore moins acheter des lunettes.

Comme au ralenti, quelqu'un appelle Nelson pour lui faire passer un test de vision dans une machine oculaire du temps des années 90. En regardant autour de moi, je me sens tout à coup tellement ridicule. Comme transpercée par un éclair, je me réveille. Si Nelson avait réellement un problème neurologique grave, à quoi bon vérifier sa myopie ? Nous partons de ce cirque pour retrouver le calme de notre chambre d'hôtel, complètement vidés. Nous mangeons, dormons et nous nous reposons.

Le mal de tête de Nelson s'évapore le lendemain. Ses yeux semblent reprendre leur place sans aucune séquelle. Nous irons quand même consulter dès notre retour.

Quatre jours plus tard, nous partons en fin de soirée dans un autobus voyageur pour arriver juste à temps à l'aéroport de San Pedro Sula. Nous redoutons cette ville. Nous embarquons dans notre vol du matin sans délai à l'aéroport même.

D'ici, 36 heures de voyage nous séparent de Calbodine. Nous avons extrêmement hâte de retrouver notre cocon laissé il y a deux mois déjà. Nous rêvons d'arriver chez nous, de nous faire un bon café et de nous faire bercer sur l'eau calme par une douce brise...

*« Jusqu'à ce que vous rêviez, il n'y a pas de moule.
Jusqu'à ce que vous parliez, il n'y a pas de promesse. Et
jusqu'à ce que vous vous déplaciez, il n'y a pas de chemin. »*

– Mike Dooley

CHAPITRE 19 | LE RETOUR DANS NOTRE COCON FAMILIAL

21 septembre 2017 — Curaçao Marina, Curaçao

36 heures de voyage, de transferts d'avion, d'attente à l'aéroport, de trajets d'autobus et de transport en taxi nous amène finalement, debout, devant notre Calbodine, hors de l'eau au beau milieu du chantier maritime, en toute fin d'après-midi.

Nous sommes soulagés d'être enfin devant chez nous, sains et saufs. Nous sommes tellement heureux de la retrouver. Notre bulle sécuritaire. Notre chez nous, à nous. Notre seule et unique maison. Nous avons hâte de dormir une nuit pleine sans soucis.

Mais les deux derniers mois de sommeil agité, peu profond, sur nos gardes, suivis des deux dernières nuits à dormir sur les bancs d'aéroport épuisent le positivisme en nous. Elle n'a pas fière allure du haut de ses chevalets mais qu'importe, c'est chez nous.

En se hissant tous les cinq sur Calbodine à l'aide d'une échelle avec nos cinq gros sacs empilés dans le cockpit, nous ouvrons solennellement la porte de notre voilier. Nous sommes anxieux de voir sa condition intérieure.

Une bonne odeur s'en dégage, heureusement. Aucun insecte ne s'enfuit, c'était là notre plus grande crainte. Mais une vague de chaleur terrible monte en cheminée. Chaque paroi de Calbodine et tout son contenu ont emmagasiné une chaleur brutale venue du soleil plombant des deux derniers mois. C'est insupportable.

C'est comme essayer d'entrer dans un four. Nous devons absolument ouvrir tous les capots et hublots le plus vite possible afin d'aérer l'intérieur. Mais comme il n'y a pas de vent, la chaleur reste stagnante. Et le bateau est un vrai bordel.

Avant de le quitter, nous avions pris soin de bien soulever tous les coussins pour empêcher la moisissure de se former dessous. Nous avions plié toute la literie et l'avions empilée sur la banquette. Nous avions déposé les oreillers de sorte qu'ils ne soient pas sur la banquette mais soulevés en l'air, un peu comme un château de cartes. Le château a bien tenu !

Nous avions enlevé les voiles, le bimini, le dodger, le bateau de survie et avions entassé le tout sur le plancher de la cuisine. Nous avions ouvert chaque panneau de chaque compartiment afin de faciliter l'aération. Nous avions ouvert toutes les cales pour éviter les odeurs de renfermé.

Tout est pêle-mêle dans cette chaleur épouvantable. Mais chaque chose est à sa place et le bateau est tel que nous l'avions laissé. Il faut croire que lorsque nous sommes partis, nous n'avions pas regardé le fouillis derrière nous.

J'ai les bras qui tombent, je suis découragée. Je n'ai même pas l'envie ni la force de commencer le ménage. Nous nous convainquons que demain est une autre journée. Première chose importante pour le moment : manger. Nous mangeons ce que nous trouvons de comestible sans cuisson. Des biscottes avec des boîtes de thon et de sardine. Puis, heureusement que nous sommes tous exténués, nous nous endormons ruisselants de sueur dans ce fouillis général.

Nous passons deux grosses journées à remettre Calbodine en état et à ranger le contenu de nos valises. Nous dormons très mal dans cet espace chaud sans air. La chaleur ne veut pas s'évacuer du bateau. Comme c'est la saison des ouragans active dans les Caraïbes, on dirait que le vent est aspiré dans les latitudes plus hautes causant un manque de vent par ici, à Curaçao. Il fait donc une chaleur écrasante au milieu de ce chantier maritime, sur l'asphalte, sous un soleil plombant, hors de l'eau et sans vent.

Ça veut aussi dire que nous ne pouvons pas utiliser toutes les commodités de notre bateau, ni la toilette, ni l'eau, ni la douche, ni le lavage de vaisselle et encore moins faire la cuisine. L'humeur est dans le plancher. Moi qui voulais me faire un bon café latte en regardant le soleil se coucher. Je peux aller me recoucher.

Nous nous résignons à louer une chambre d'hôtel avec une piscine et l'air climatisé dans les chambres. Après cinq nuits de sommeil profond, nous reprenons tranquillement notre sourire, nos forces et notre vision enthousiaste. Mais qu'est-ce qu'on se réjouit de peu désormais !

Durant ces six jours, nous travaillons sur Calbodine du matin au soir à la remettre comme neuve. À l'intérieur comme à l'extérieur, nous en profitons pour faire toutes les réparations et l'entretien nécessaire.

Martin sable tous les morceaux de bois et applique le vernis sur ce bois maintenant à nu. Nous mettons une peinture antisalissure sur la coque. Martin vérifie les passes-coque, répare la quille, fixe l'hélice du moteur, etc. Les enfants jouent autour du chantier maritime, nous aident un peu par-ci par-là, lancent des pierres à l'eau et préparent le lunch.

Huit jours après notre retour, nous pouvons enfin remettre Calbodine à l'eau. Un peu anxieux, nous courons à l'intérieur pour s'assurer que l'eau ne s'infiltre nulle part, à notre grand soulagement. Même encore dans la marina, nous sommes déjà rassurés. Un bateau n'est un bateau que sur l'eau. Nous pouvons enfin vivre à bord dans notre confort, cuisiner et utiliser tous les accessoires. Il fait moins chaud que sur l'asphalte noire. Une légère brise parvient à nous effleurer. Le mouvement léger des vagues et le clapotis de l'eau sur la paroi nous rassurent. Ça fait du bien de retrouver notre mode de vie. Nous nous préparons un rhum coco plutôt qu'un café au lait et regardons le soleil se coucher à travers les autres bateaux. Ça me va tout autant.

Nous sommes maintenant prêts à repartir vers l'eau turquoise et vers nos nouvelles ambitions mais avant, nous devons attendre nos nouvelles voiles. Nous avons commandé nos voiles avant de partir pour le Honduras. Les nôtres sont si usées et trouées qu'il est grand temps d'investir dans notre moyen de propulsion.

Nos voiles neuves arrivent quelques jours plus tard en fin d'après-midi. C'est comme si c'était notre Noël à nous. Nous sommes tellement excités que nous les installons le soir même, à l'aide de nos lampes frontales.

Calbodine a tellement fière allure et nous en sommes fort heureux.

> *« Voilà maintenant plus d'un an que nous avons quitté notre zone de confort pour explorer le monde dans ce beau grand navire. Nous trouvions l'espace de vie si petit au début avec toutes nos cochonneries pour devenir tout ce dont nous avons besoin. Nous avions tant de matériel et maintenant, nous n'avons presque plus rien. D'ailleurs, nous trouvons que nous en avons encore trop. Nous n'avons plus besoin de rien outre l'essentiel, des vêtements et de la nourriture, évidemment. Mais je parle de tout ce surplus que nous avons traîné jusqu'ici, que nous n'avons même pas utilisé. Je donne ce qui nous reste de superflu, comme des vêtements, quelques jouets, du matériel de bureau.*
>
> *Plus d'un an que nous avons rompu avec ce rythme de vie frénétique pour reprendre contact avec la nature, avec notre "moi" intérieur. Nous réalisons à quel point tout est relatif. Le bonheur, l'espace, la grandeur, la joie de vivre, la santé, le matériel, l'argent, la richesse, le temps, l'environnement...*
>
> *Le contact avec différents peuples nous a ouvert les yeux sur différentes richesses, différentes coutumes et différentes façons de vivre. Nous avons vécu dans des régions où les gens vivent mieux avec moins et d'autres régions où les gens vivent malheureux avec plus.*

Nous apprécions de plus en plus qui nous sommes. Nous apprenons à simplifier encore et encore. Nous apprenons à suivre les coïncidences. À écouter d'avantage notre intuition, à vivre pleinement ces rencontres extraordinaires avec des gens formidables, à continuellement faire grandir notre bonheur intérieur.

Nous avons réussi à ralentir notre rythme de vie et à apprécier la simplicité, le moment présent. Vivre sur l'eau et naviguer nous fait réaliser l'ampleur de notre planète, la beauté de celle-ci et sa fragilité. Le contact avec la mer, avec les éléments purs, avec cette nature grandiose et la force de celle-ci va bien au-delà des mots. Nous la respectons immensément.

Cette remise à l'eau nous remet en question. Encore une fois, sur notre rythme de vie, sur l'éducation de nos enfants, sur les pays visités, sur notre futur. Nous aimons clairement faire de la voile, explorer de nouveaux pays avec cette richesse d'arriver lentement. Il y a quelque chose de magique, de passif, de noble, d'antique d'arriver dans un nouveau pays en voilier. Le temps d'assimiler la météo, le paysage, le relief, le végétation, l'odeur, l'énergie bien avant d'y mettre les pieds.

Puis, nous découvrons la culture, la nourriture, les gens avec lenteur, respect, sans jugement ni attente. Vivre constamment dehors, la porte ouverte, en sandale sous un soleil chaud est exceptionnel. Le summum reste, dès le lever du jour, de plonger dans l'eau claire directement du voilier, nager dans l'eau chaude et rentrer pour le petit déjeuner...

Mais mon partenaire a besoin de bouger, il lui faut de l'action, de l'accomplissement, de l'adrénaline, de l'aventure. Plus que tout au monde, il a un besoin vital de créer avec ses mains, avec ses outils. C'est ainsi qu'il se sent totalement accompli.

Sa passion étant de fabriquer des meubles sur mesure, artisanalement, il se sent limité avec un ciseau à bois et un petit bout de planche. Il n'en peut plus. Ses mains doivent travailler. Son esprit doit créer. Il veut construire, rénover et aider les autres à vivre mieux à travers ses créations. Il n'y peut rien.

Ça aurait été pas mal plus facile qu'il aime faire des vidéos ou qu'il soit écrivain. Un ordinateur aurait suffi. Mais il doit avoir un atelier, grand, permanent, pour étaler sa panoplie d'outils. Je le comprends. Je l'appuie complètement. Nous devons nous ajuster. Nous devons nous respecter, chaque membre de notre couple afin d'atteindre un bonheur exponentiel. La vie est une continuelle adaptation. Je suis si reconnaissante d'avoir pu vivre ce périple pour aussi longtemps déjà.

Après de multiples conversations, nous décidons de mettre Calbodine en vente. Sans avoir de plan fixe mais dans le but de nous installer quelque part avec un atelier de menuiserie. À vrai dire, j'ai sincèrement des nausées en pensant à avoir une maison fixe, avec un hiver, les portes et les fenêtres fermées 6 mois par année. La seule pensée d'avoir un travail traditionnel et d'envoyer les enfants à l'école m'étouffe littéralement. J'ai peur de retourner dans ce cycle de vie rapide et stressant dont j'ai mis plus d'un an à me défaire. Je me convaincs qu'il y a un plan plus grand pour nous que mes yeux ne peuvent voir à l'instant... »

4 octobre 2017 — Curaçao Marina, Curaçao

Je suis encore tiraillée par cette décision quand un agent vient prendre des photos et met officiellement notre voilier à vendre. Mon cœur hésite, mon conjoint est soulagé. Nous devons nous respecter et regarder devant. D'autant plus que notre budget commence à diminuer. Il nous reste quand même quelques mois de navigation devant nous.

Le lendemain, nous réglons nos papiers de sortie de Curaçao. Nous visitons le musée local sur l'esclavage des Africains. Il vaut le détour mais nous donne une chair de poule effroyable. Comment l'homme peut-il être cruel à ce point ? Nous rendons la voiture louée pendant les travaux sur Calbodine et rentrons chez nous.

Puis dès 0600 le lendemain, nous levons les voiles vers Bonaire. Notre traversée est spectaculaire. Nos nouvelles voiles nous permettent de monter au vent à 30° sans perdre de vitesse, comparé à 60° avant. Incroyable ! Et comble de bonheur, un mahi-mahi mord à notre hameçon. Les enfants remercient fièrement la mer pour cette offrande.

Bonaire est aussi beau que quand nous l'avons quitté. Nous arrivons, prenons une bouée libre et sans plus attendre, sautons dans cette eau chaude, connue et rassurante. Nous reprenons l'école le matin et les enfants font d'énormes progrès.

Nous nageons tous les jours, devenant de plus en plus habiles et confiants sous l'eau. Nous sortons à la marina pour les mercredis hamburgers. Nous rions et rencontrons d'autres navigateurs. Les familles doivent être parties ailleurs car il n'y a plus beaucoup d'enfants parmi les navigateurs.

Le soir d'une régate amicale, nous allons profiter des festivités locales. Comme nous sommes toujours sur une île aux bananes, le spectacle de 1900 commence après les 2030. Les jeux pour enfants ne débutent pas avant 2000. Nous attendons plus de 45 minutes devant un stand de nourriture pour recevoir notre simple commande de riz aux légumes. En temps normal, nous aurions perdu patience bien avant, mais là, nous en profitons pour discuter avec un couple de Hollandais derrière nous qui attendent eux aussi leur repas.

À voir les yeux de l'homme briller lorsque nous parlons de voile, nous les invitons spontanément à bord de Calbodine le lendemain pour le café de 1000. Ils repartiront passé 1700, non pas parce que nous le voulons mais parce qu'ils avaient déjà un souper de planifié. Ils reviendront le lendemain et le surlendemain et nous discuterons des heures et des heures comme avec de bons vieux amis.

Nous allons naviguer en leur compagnie par une splendide journée au beau milieu de la régate. Un bonheur pur pour tout le monde. Puis nous allons faire une sortie en apnée près de Klein Bonaire. Une de nos plus belles et mémorables journées de voile. La veille de leur retour au pays et à leur quotidien, nos amis hollandais nous accueillent dans leur maison. Une rencontre spontanée et mémorable.

Puis un matin, un dinghy fonce sur nous. Un couple nous demande en criant d'où nous venons. Un peu hésitant, nous leur disons « du Québec ». « Ah ben Tabarnack ! » s'écrit le monsieur en nous répondant en vrai bon québécois. Martin et moi nous regardons avec la même conviction que nous aurions dû dire « Toronto ». C'est dans ces moments-là que nous ne voulons pas trop nous associer à ces quelques Québécois voyageurs. Sans vouloir être anti-social, nous n'aimons pas beaucoup ces touristes qui parlent trop fort et qui semblent toujours tout connaître de partout, que ce soient des Québécois ou des gens d'une autre nationalité.

Ils nous détaillent combien ils ont d'armes à feu à bord, comment ils se sont fait voler par des supposés amis durant un séjour je ne sais plus trop où et un tas de choses non nécessaires aux oreilles des enfants, ni même aux nôtres. Tatoués jusqu'aux dents, ils nous invitent à aller plonger avec eux, pour quelques jours, près d'une île déserte pas trop loin d'ici. Hum, merci mais nous allons passer pour cette fois...

De toute façon, c'est difficile de plonger avec les enfants. Martin leur répond qu'il aime bien la plongée sous-marine mais que de toute façon, il préfère l'apnée car c'est plus sportif. Insultés, les visiteurs repartent pour ne plus jamais nous reparler.

C'est après cette rencontre qu'un autre Québécois nous aborde. Un peu sur nos gardes, nous l'écoutons. Puis nous rencontrons sa partenaire. Finalement, on s'entend super bien et on a un plaisir fou à discuter encore et encore. Les enfants jouent avec leur chien pendant que nous discutons de tout et de rien.

Même que nous nous préparons un vrai bon souper traditionnel : poutine et pouding chômeur, à 30°C sur un voilier dans les Caraïbes. Ça, c'est dur à battre ! Puis nous rencontrons une famille de Canadiens vivant à bord de leur catamaran depuis deux ans. Ils sont si inspirants. Ils poursuivent leur aventure encore et aussi longtemps qu'ils peuvent se le permettre. Nous nous promettons de nous rejoindre un jour ou l'autre, sur terre ou en mer.

15 octobre 2017 - Kranledjik, Bonaire

Nous avons le bonheur d'accueillir ma mère à bord, pour une deuxième fois. Pas besoin de préciser que cette fois-ci, nous sommes mieux préparés mentalement à l'accueillir au sein de notre famille. Bien au-delà de nos questionnements de la Floride, nous profitons beaucoup mieux de sa visite.

Les enfants sont très heureux car ils rêvaient de revoir leur grands-mamans. Nous louons une voiture et retournons explorer l'île. Nous marchons dans un sentier de cactus où chacun de nous finit par avoir une ou plusieurs épines plantées dans le corps. Ça pique vraiment des cactus ! Ma mère et moi en profitons pour faire un peu de shopping, ce qui est bienvenu car je n'en fais pas très souvent sinon. Tout juste avant son départ, nous l'initions même à l'apnée.

Finalement, au bout d'un mois, l'envie d'explorer nous reprend. La saison des ouragans tire à sa fin. Nous surveillons la météo pour un passage adéquat. Nous nous disons qu'il est impossible de vendre Calbodine sans même avoir navigué dans les Petites Antilles. Nous devons absolument visiter quelques îles typiques des Caraïbes à bord de notre voilier.

Une fenêtre exceptionnelle de plusieurs jours avec un vent du sud-est s'ouvre à nous, deux jours après le départ de maman. Nous ne pouvons résister à l'opportunité de partir explorer d'autres îles. Nous préparons rapidement le voilier et l'équipage pour notre deuxième traversée de la mer des Caraïbes, fébriles.

Le matin même de notre départ, alors que nous sommes en train de lever l'ancre, le capitaine d'un bateau de plongée qui passait devant nous chaque matin, nous lance tout bonnement un litre de sirop d'érable en nous souhaitant bons vents. Nous sommes émus, la gentillesse pure existe encore.

Heureux, nous levons les voiles vers un pays inconnu. Nous ne planifions pas de destination particulière. Nous allons le plus à l'est possible, suivant le vent au plus près. Nous laissons le vent complètement nous porter, ajustant notre tir à la toute fin. De toute façon, nous avons des guides et des cartes pour toutes ces îles.

Ça, c'est la liberté pure !

« *Être différent n'est ni une bonne chose ni une mauvaise chose. Cela signifie simplement que vous êtes suffisamment courageux pour être vous-mêmes.* »

– Albert Camus

CHAPITRE 20 | UNE DEUXIÈME TRAVERSÉE, SANS SAVOIR OÙ ALLER

14 novembre 2017 - Kranledjik, Bonaire

Au tout début du voyage, à chaque fois que nous levions l'ancre pour partir, j'avais une boule à la gorge si grosse qu'elle m'empêchait de respirer. Peu importe le nombre de milles nautiques à faire, peu importe les milles nautiques parcourus, j'avais de la difficulté à parler.

Ce matin, non. Au contraire, je suis fébrile mais pas nerveuse. J'ai hâte d'être au milieu de la mer des Caraïbes, de nous retrouver seuls au monde. Nous avons vérifié la météo maintes et maintes fois et les ouragans ont l'air terminés, du moins pour la semaine à venir. Nous sommes heureux de lever nos nouvelles voiles à la conquête de nouvelles îles.

0600, à peine quittée la baie protégée, la mer se forme et le vent souffle constamment à 20 nœuds. Il a beaucoup venté les derniers jours et nous avons le résiduel des vagues et de la houle. Elles devraient diminuer d'ici demain, selon les prévisions.

0900, une alarme sonne et le pilote automatique arrête de fonctionner. Je prends la barre. Je regarde derrière moi l'île qui s'éloigne et je regarde devant moi l'eau sans fin. Je me demande si nous devrions retourner nous ancrer? Est-ce que nous continuons les 90 prochaines heures de navigation sans pilote automatique, ni de jour, ni de nuit?

Martin vient me rejoindre et part aussitôt à la recherche du problème électrique. Fidèle à lui-même, il le trouve sans tarder et fixe les fils à la bonne place. Il y a un problème de communication entre le pilote automatique et le Chart Plotter[17] ce qui fait sauter un fusible. Seul inconvénient, nous ne pouvons plus changer les degrés directement sur le pilote automatique, ce qui est un moindre mal car nous pouvons facilement nous ajuster à ça. Moi qui m'imaginais déjà faire un pilote automatique de fortune avec des cordages pour nous reposer de temps en temps. Bravo chéri!

1100, je hurle : « MARTIN ! VIENS VITE ». Je suis toujours à la barre. Tout d'un coup, plus rien ne fonctionne, ni le GPS, ni le radar, ni le profondimètre, ni l'anémomètre, ni aucun instrument électronique. Pour un quart de seconde, mon cœur chavire.

J'évalue rapidement la situation. Nous pourrions utiliser la montre GPS de Martin et valider avec la radio amateur. Nous pourrions tracer notre route sur la carte papier mais il faudra calculer la dérive, le courant, prévoir les grains de nuit, tenir la barre à tout moment, sentir la vitesse et la direction du vent sur nos joues. Près des îles,

---

[17] Un Chart Plotter, traceur de cartes/GPS en français, est un puissant système de navigation qui combine un écran couleurs haute résolution avec un traçage de carte avancé.

nous devrions étudier les fonds marins pour ne pas nous échouer. Nous devrions être extra vigilants, surtout la nuit.

Hummmmmm, encore une fois, je regarde derrière nous l'île qui s'éloigne de plus en plus. S'il fallait rebrousser chemin, il faudrait retourner à Curaçao car si nous avons besoin d'une pièce, c'est là qu'elle arrivera de toute façon. Mais il faudra faire vite pour ne pas arriver de nuit. Car l'entrée de la baie est vraiment miniature et je ne voudrais en aucun cas y entrer de nuit.

Martin a déjà la tête dans les fils et les connecteurs à chercher le problème et tenter de raviver le tout. Au bout d'une quinzaine de minutes qui m'ont paru des heures, les instruments reprennent leurs nombres et moi, mon souffle. C'est vrai que j'envie le courage des anciens navigateurs qui avaient comme seul instrument le sextant. Mais je n'ai jamais dit que je voulais à tout prix retourner à cette époque.

Le contrôleur du pilote automatiquea rendu l'âme. C'est lui qui fait sauter les fusibles. Nous hésitons un moment, regardons une dernière fois derrière nous et décidons d'avancer. Rebrousser chemin signifie manquer cette belle fenêtre météo. Après tout, pourquoi ne pas traverser la mer des Caraïbes sans pilote automatique ? Nous trouverons bien une solution. D'ici là, nous prendrons des quarts de deux heures jusqu'à ce que le temps se calme et que les vagues diminuent.

La navigation est belle. Walace et Betsy laissent leurs jambes pendouiller par-dessus la mer. Ils sont détrempés de la tête aux pieds par les vagues qui s'écroulent sur eux et sur le pont. Ils sont heureux de pur bonheur. Nelson dort, un bol en inox entre les jambes.

1600, deux heures pour Martin, deux heures pour moi, deux heures pour Martin, deux heures pour moi. Les vagues commencent à ralentir mais elles créent par moment des remous qui rendent le cap difficile à garder. Elles frappent de côté sur Calbodine.

Un banc de dauphins nous accompagne pendant un long moment. Ils dansent et font des culbutes autour de nous. Leur présence me rassure à toutes les fois. Comme s'ils venaient nous dire que tout va bien et que tout va bien aller. Comme s'ils nous acceptaient dans leur environnement en formant une symbiose complète. Nous nous sentons accueillis dans cette mer grandiose. Puis une hirondelle vient se poser sur Calbodine.

1800, à la nuit tombante, cette pauvre hirondelle à l'air bien fatiguée. Elle cherche désespérément un endroit stable pour se percher. Elle finit par trouver refuge sur une couverture, au grand bonheur des enfants. Ils essaient de lui donner un petit morceau de pain. Finalement, elle rendra l'âme pendant cette nuit mouvementée alors que nous la perdons de vue totalement.

Après le souper, Walace, Nelson et moi vomissons tout ce que nous avons ingurgité. Le bateau est en mouvement constant, les vagues sont encore hautes mais le ciel est clair et il n'y a aucun nuage en vue. C'est toujours un bon signe. Nous espérons une nuit étoilée sans grain.

2400, j'ai frette, je grelotte. La fatigue se manifeste par le froid. J'ai les épaules en feu. J'avais jusqu'à maintenant sous-estimé l'aide précieuse du pilote automatique ! Nous avons une superbe allure mais les vagues hautes requièrent une grande attention à la barre. Martin devrait venir bientôt, j'ai hâte de dormir un peu.

15 novembre 2017 — En mer

0900, le soleil se lève et le temps se calme. Nous constatons à quel point ce pilote automatique est un instrument qui facilite le voyage. Celui-ci permet au navigateur de baisser les gardes, lire ou bouger plus facilement. Maintenant que les vagues ont diminué, nous installons un raban à la barre. La voilure est superbe, solide, bien ajustée et le bateau tient sa route presque seul. Un équilibre parfait.

1300, les garçons vomissent par-ci par-là, en dedans, en dehors, mangent un peu avant que ça ressorte plus loin. Ils me fascinent. Ils prennent un bol eux-mêmes et s'occupent de leur vomi eux-mêmes. Je les aide futilement car j'ai le cœur sur le bord des lèvres moi aussi. Pourtant, le temps est beaucoup plus calme qu'hier, mais le mouvement est tout de même incessant.

1800, les enfants dorment déjà tous les trois. Ils sont fatigués eux aussi. Le soleil se couche tranquillement en laissant les étoiles se lever par milliers. La Voie lactée se dévoile, impressionnante et immense, remplissant le ciel d'un voile lumineux grandiose.

2400, je suis toujours soulagée, la nuit, de voir les étoiles par milliers. Le spectacle est à couper le souffle. Heureusement, ça veut dire aussi qu'il y a moins de chance de rencontrer un grain, de la pluie ou une cellule orageuse.

16 novembre 2017 — En mer

0400, Ouh ! Martin m'a vraiment gâtée cette nuit. Il m'a laissé dormir trois heures d'affilée. Je me sens complètement rafistolée. Quelle différence ! Je le gâte à mon tour, je lui laisse trois heures de sommeil. Nous nous sentons revivre et reprendre le dessus sur notre énergie. Mais j'ai un mal de tête qui commence... Vite, un café !

0800, les enfants se lèvent tranquillement. C'est le moment que j'adore le plus en traversée. Le matin, doucement, un par un, les enfants font surface, la tête en premier dans le portique, déjà habillés, ceinture de sauvetage et ligne de vie installées, puis viennent me rejoindre dans le cockpit avec le soleil levant. Un moment magique que je vais chérir toute ma vie.

Ce matin, Walace a les lèvres tremblantes. Je sais qu'il veut pleurer. Il me confie formellement qu'il veut une maison, là, sur-le-champ, tout de suite. Nous sommes présentement au beau milieu de la mer des Caraïbes avec que de l'eau tout autour de nous ! Pauvre petit amour.

Je m'assoie avec lui, il est couché à moitié sur mes cuisses et je lui caresse doucement les cheveux blondis par le soleil. Nous discutons de tout ce que nous avons découvert, des nouvelles rencontres, des nouveaux pays visités, des nouvelles langues qu'il parle maintenant, etc., etc. Il est malheureusement celui qui a le plus souvent le mal de mer. Et je le comprends car je suis la deuxième. Mais nous sommes sans contredit les deux auxquels cette liberté du grand air parle le plus et ceux à qui elle manquera le plus.

1500, la journée est belle. Nous avançons bon train. Le soleil est toujours aussi radieux. La mer est toujours d'un bleu royal intense. Le vent maintenant du sud-est, nous nous dirigeons complètement à l'est. Nous n'en croyons pas nos instruments, vue la latitude où nous nous trouvons. Une belle vague de côté nous prend tous par surprise, atterrit dans le creux de la grande voile et nous offre à tous une douche salée inattendue.

1800, Martin nous prépare un de ses bons soupers. Nous confirmons qu'il nous prépare ses meilleurs repas en mer. Soit parce que je suis incapable d'aller en bas pour plus de cinq minutes, soit parce que nous avons tous très faim, soit parce que je lui laisse enfin plus d'espace dans la cuisine et qu'il peut pratiquer sans se faire dire quoi faire. Peu importe, nous nous régalons tous.

2400, ce soir, les étoiles me rendent émotive. Elles sont brillantes. Elles sont là par milliers dans cette nuit noire et paisible. Le bruit des vagues derrière Calbodine m'entraîne dans mes rêveries. C'est d'une beauté inimaginable, d'une paix indescriptible. La nature qui m'entoure est d'une splendeur grandiose. Et ce soir plus que jamais, il y a des dizaines et des dizaines d'étoiles filantes, les unes après les autres. Je souhaite avec chacune d'elles que chaque être humain se rende compte de la fragilité de notre terre et change de comportement, même de façon minimale, afin de faire une réelle différence pour notre environnement si précieux.

17 novembre 2017 — Encore en mer

0400, j'aperçois un gros grain à environ deux miles de nous. Selon le radar, il mesure entre 5 à 6 miles de large. Il fait encore nuit mais une nuit moins noire. Une lueur au bout de l'horizon permet, les yeux plissés, de distinguer les nuages menaçants. Je ralentis notre course. Le grain va assurément plus vite que nous. Je prépare le cockpit à une bonne douche. J'essaie de laisser toutes les minutes possible de sommeil à Martin mais là, nous sommes proches, très proches. Je le réveille.

Nous réduisons la grande voile déjà diminuée et roulons 50 % du génois. Nous attendons, fébriles, un changement brusque de conditions. Le vent vient de tous bords et de tous côtés. Il faiblit pour être presque nul puis forcit férocement. Et nous voyons un mur de pluie s'éloigner en nous épargnant la douche prévue. Mais quel fouillis de vent !

0700, les voiles sont maintenant toutes hissées, fièrement gonflées et propulsent Calbodine vers Montserrat ou Antigua. Nous commençons à étudier notre prochaine destination. Nous regardons les différentes îles avoisinantes et comme le cousin de Martin devrait rejoindre l'île d'Antigua prochainement avec son équipage, nous nous disons qu'il serait quand même génial de voir un membre de la famille. Alors nous ajustons notre cap vers Antigua.

1000, le déjeuner est servi : nouilles chinoises pour tout le monde (de type Ramen). C'est le menu de classe pour un équipage avec l'estomac secoué.

1400, tout l'équipage s'occupe et s'affaire tranquillement. Lecture par ici, jeu par-là, sieste pour l'un, observation pour l'autre. Petit train va loin. Le vent faiblit tellement que nous avançons à moins de 3 nœuds. C'est notre limite personnelle pour démarrer le moteur et ajouter une propulsion à notre allure.

1500, « Les enfants ! Venez voir !!! La terre ! » Nous voyons la terre ! Youpi ! Nous apercevons, mélangé à la ligne de nuage à l'horizon, le sommet du volcan de Montserrat. Il est encore difficile à différencier à l'œil nu, mais nous voyons bel et bien la terre ferme.

C'est toujours rassurant de voir la terre après quelques jours et nuits consécutifs en mer. Ça vient confirmer que nous ne sommes pas complètement perdus. C'est bien différent de la sensation de nos débuts, quand nous avions peur de nous éloigner, naviguant toujours près de la côte, hésitant à la quitter, préférant la longer. C'était notre point de repère, notre bouée, notre terrain connu. La peur de l'inconnu nous empêchait de nous en éloigner.

Puis, avec le temps, nous nous éloignions de plus en plus pour ensuite la quitter, lâcher prise, l'abandonner pour se sentir plus libres que jamais. Un sentiment de liberté intense, indescriptible, extraordinaire. Une immensité grandiose. Un ciel majestueux. Un pouvoir calmant. Une nature magnifique. Un rêve réalisable.

C'est maintenant la terre qui nous rend nerveux. Le profondimètre est à surveiller constamment. Le trafic de bateaux augmente considérablement. Le danger de collision est présent. Il y a plus de déchets flottants. Nous devons contourner certaines petites îles. Nous devons être extra vigilants. Tout va plus vite, parfois trop vite, sur cette terre.

1900, la nuit est tombée. La mer est tellement calme, nous sommes presque en mer d'huile. C'est le rêve de Betsy de naviguer sur une mer d'huile. Même en sachant que nous ne pouvons plus avancer avec nos voiles sur une mer si calme. Je lui promets que si je vois les étoiles briller sur l'eau, je la réveille.

2200, nous ralentissons un peu la cadence pour arriver à l'ancrage avec un soleil levant. Nous sommes maintenant en direction d'English Harbor, Antigua. Dans cette baie un peu refermée, il est fortement conseillé d'arriver de jour. De toute façon, nous préférons sans hésitation arriver avec le soleil, surtout à un nouvel endroit.

2300, Incroyable ! Je n'en crois pas mes narines ! Je sens la terre. Je ferme les yeux et j'inspire longuement. Je pourrais jurer être dans mon jardin, les doigts entremêlés dans une belle terre noire humide et fertile. Mon odorat m'envoie directement dans mes semis, les ongles remplis de terre, en train de jardiner. La terre est à plus de 25 milles nautiques, je suis complètement entourée d'eau salée et pourtant, je la sens vivement. Je sens cette odeur si familière. Je ferme encore les yeux et je goûte presque la tomate rouge fraîchement cueillie. J'ai une envie subite de jardiner. J'ai une envie irrésistible de cueillir un légume de mon potager. J'ai le goût de plonger mes bras jusqu'aux coudes dans cette belle terre odorante et d'y remuer doucement chacun de mes doigts.

18 novembre 2017 — Toujours en mer

0200, nous sommes devant l'entrée d'English Harbor, Antigua. C'est difficile de voir l'embouchure. Il fait nuit noire et les lumières des mâts, des bouées et des maisons s'entremêlent et se confondent. Nous faisons des ronds dans l'eau, c'est le cas de le dire, avec deux autres voiliers. Nous attendons patiemment les premières lueurs du jour.

0500, peut-être à cause d'un mouvement différent, du moteur qui ronronne ou pour la même raison que, étant gamins nous nous réveillions d'une sieste dans l'auto juste avant d'arriver à notre maison, les enfants sortent du lit. Trop excités eux aussi de voir la terre, ils attendent avec nous que le soleil se lève.

0600, dès les premières lueurs du jour, nous nous dirigeons à la queue leu leu avec les autres voiliers vers l'entrée de la baie. Nous trouvons un petit coin pour Calbodine et jetons l'ancre.

Nous célébrons tous ensemble cette traversée merveilleuse. L'air est drôlement frais. Nous gardons nos vestes. Nous entendons des grillons venant de la côte. La nature nous enveloppe. Le flanc des montagnes semble vert fluorescent. Nous sommes heureux et fiers de ce passage.

Après 536 milles nautiques en 94 heures, nous nous permettons une petite sieste et promettons aux enfants de sortir en ville avant le dîner. Maintenant que nous sommes bien ancrés, Walace me confirme qu'il ne veut plus de maison et qu'il veut définitivement garder Calbodine.

*« L'idéal dans la vie, ce n'est pas l'espoir d'être parfait
mais la volonté d'être toujours meilleur. »*

– Ralph Waldo Emerson

CHAPITRE 21 | ANTIGUA, ST-BARTHELEMY & ST-MARTIN, LA VIE EST BELLE

18 novembre 2017 — English Harbour, Antigua

Après cette superbe traversée, nous nous installons pour dormir quelques heures. Les enfants, impatients d'aller se dégourdir, nous attendent sans un mot. Deux heures plus tard, nous sommes prêts à mettre les pieds sur terre.

Quel beau port historique ! English Harbour est un site de l'UNESCO très bien préservé et reconnu pour avoir accueilli la flotte du réputé Capitaine Nelson. Du haut de ses 6 ans, notre Nelson se gonfle la poitrine, très fier de porter ce nom.

Le musée nous garde captifs pendant plus d'une heure, autant les enfants que nous. Nous pouvons observer des répliques de navires d'autrefois, voir et toucher des boulets de canon et des artefacts, lire sur les maladies de l'équipage, les difficultés rencontrées dans les années 1700. Peut-être parce que nous venons d'arriver par la mer mais nous sommes tous les cinq passionnés par ce petit musée, à tel point que la curiosité des enfants nous étonne.

Le lendemain de notre arrivée, au café du matin, Walace monte fidèlement la garde en observant l'horizon. Il nous demande si le cousin de Martin doit arriver par la mer sur un grand voilier rouge avec 4 barres de flèches.

D'après une photo que j'avais vue, oui, je crois que le voilier est rouge mais j'ignore combien de barres de flèches! Nous regardons avec les jumelles. Il doit être 0900. Nous observons ce grand voilier de course faire sa douce entrée dans le port. Un drapeau canadien flotte dans le vent.

Effectivement, le cousin de Martin fait partie de cet équipage! Nous pouvons maintenant le voir à l'œil nu. Nous voilà tous les cinq, jubilant, criant, sautant sur le pont, agitant chacun nos bras frénétiquement pour le saluer en criant son nom. Il nous voit, bien évidemment et doit sans aucun doute nous entendre, de même que tous les autres voiliers de toute la baie entière ! Il nous envoie la main. Nous sommes comme 5 enfants devant le Père Noël pour la première fois, démesurément excités de voir un membre de notre famille arriver par la mer, la même que nous venons de naviguer pendant les cinq derniers jours.

Nous passons une semaine à explorer Falmouth Bay et English Harbour. Une semaine à relaxer, découvrir, rencontrer les copains du cousin de Martin, nager, faire une belle randonnée et manger comme des rois.

Puis nous passons à l'action! Une fois que l'idée de vendre Calbodine est validée, nous engageons le processus et mettons la roue en marche. Quand tu veux que quelque chose se passe, tu dois faire en sorte que ça se passe ! Alors nous nous mettons au travail. Martin finit par trouver un contrôleur pour notre pilote automatique, le seul sur l'île ! Il le change et le pilote automatique fonctionne comme un neuf. Nous installons des affiches en ville, allons voir les marinas sur l'île, discutons avec les gens sur place, passons le mot. Je mets aussi des annonces sur les réseaux sociaux.

Je me fais dire que l'école de voile vient de perdre son voilier sur un récif. Je les contacte et quelques jours plus tard, intéressés, les responsables nous demandent de voir Calbodine. C'est la folie à bord !

Je pleure et je suis contente en même temps. Martin nettoie déjà la coque. Les enfants s'ajustent si vite que je suis éblouie. Je ne sais plus si je veux réellement vendre. Il me semble que ce serait trop rapide. Bref, nous passons la journée suivante à nettoyer de fond en comble notre Calbodine pour pouvoir la pavaner devant de potentiels futurs acheteurs.

27 novembre 2017 — Jolly Harbour, Antigua

Nous quittons English Harbour pour aller à Jolly Harbour, où l'école de voile se trouve. Nous sommes nerveux et fébriles en même temps. Et si c'était la fin de cette aventure ? Après quelques heures de navigation, nous arrivons au quai de l'école. L'air est brumeux, lourd d'humidité, le ciel est gris et il se met à tomber une pluie fine dès notre accostage.

Les propriétaires sont là, ils nous attendent. Je suis une boule d'émotions ambulante. J'ai de la difficulté à me contrôler. La dame entre dans Calbodine avec Martin et je discute avec le monsieur dehors. Leur école est un vrai bordel de papiers, de tasses de café encrassées et de livres entremêlés. L'odeur d'humidité et de fumée de cigarette est dégoûtante.

Un étudiant fait un cours théorique sur une table complètement débordante pendant que deux autres partent sur un voilier tout rouillé très mal entretenu. Les propriétaires discutent et nous offrent un prix. Nous discutons jusqu'à un compromis raisonnable et nous nous entendons pour faire une inspection la semaine suivante. Nous repartons aussitôt à l'ancrage de Jolly Harbour remués de ce qui vient de se passer.

Je me réveille cette nuit-là en cauchemar. Calbodine va décrépir et terminer en lambeaux, mal entretenue et mal aimée. Elle va perdre sa beauté et sa finesse. Nous nous convainquons qu'au moins, elle initiera les étudiants. Qu'elle leur donnera le goût de la voile, de la liberté, de la passion !

Ce matin-là, j'ai une envie irrésistible d'élaguer notre matériel déjà maigre. Nous faisons un ménage de tous nos livres, guides, petits pots de sauce et de levure en trop, vélos pliables, etc. Nous faisons le tour du bateau et trouvons ce que nous pouvons encore débarrasser, donner ou vendre. Si nous nous apprêtons à vendre Calbodine et déménager par avion ou par bateau, autant commencer ce processus tout de suite ! Je fais le tour des bateaux à l'ancrage et je propose une visite chez nous pour nos possessions en trop. Nous rencontrons de belles personnes ainsi.

Puis nous nous mettons en mode organisation. Est-ce que ce serait possible d'être à Québec pour Noël ? Cette seule idée enchante les enfants et me fait pleurer. Mais comment envoyer notre matériel à Québec ? Comment allons-nous vivre dans ce froid? Où allons-nous vivre? Quel est notre plan? Est-ce que nous envoyons les enfants à l'école si nous arrivons pendant les fêtes? Quel sera notre prochaine maison? Où voulons-nous emménager réellement? Tant de choses à penser, tant de choses à organiser.

Quelques jours plus tard, notre offre tombe à l'eau. Je suis soulagée. Nous n'aimions pas les futurs propriétaires. C'était trop rapide. Il me semble que nous devons rester un peu plus à bord. Apprendre un peu plus. Vivre ainsi un peu plus. Martin est à moitié déçu. Il n'aimait pas cette école non plus. Nous faisons confiance à la vie.

Nous avons maintenant espoir de trouver un prochain navigateur qui rendra justice à la beauté de Calbodine. Je fais une nouvelle affiche et la partage sur les réseaux sociaux. Le jour même, plusieurs intéressés, dont un couple de la Floride, nous contactent. Nous discutons le soir même par téléphone et leur montrons Calbodine par vidéo. Ils sont enchantés, ils viennent nous visiter ce samedi. Le bateau brille de partout, nous les attendons patiemment.

Le samedi de leur arrivée, ils veulent souper à la marina. Nous ne comprenons pas qu'ils ne veulent pas voir le voilier immédiatement. Nous les rejoignons à la marina et constatons instantanément qu'ils n'ont clairement pas le profil de navigateurs. Du moins pas sur un bateau avec des voiles, encore moins sur un monocoque.

Ils viendront à bord seulement le lendemain pour le lunch. Ils ont toute la misère du monde à entrer dans le dinghy. C'est encore plus difficile de passer sur la jupette du voilier, même sans vague. Ils ne regardent même pas à l'intérieur de Calbodine. Ils s'assoient de peine et de misère dans le cockpit. Nous finissons par les endurer parler d'eux pendant quelques heures, clairement plus intéressés à parler de leur vie qu'à acheter notre bateau.

Quand nous sentons clairement qu'ils ne veulent pas du tout acheter un voilier mais plutôt se sauver quelques jours sur une île sans leurs enfants avec un bon prétexte, je leur suggère de les raccompagner sur terre. Non mais, nous ne sommes quand même pas une agence de tour privé gratuit avec écoute en psychologie !

Nul besoin de dire que les derniers jours ont été une montagne russe d'émotions. Je m'en rends bien compte quand je me mets à pleurer à chaudes larmes, incontrôlables, en plein milieu de l'épicerie, les mains pleines de pommes, de bananes et de carottes, entourée de gens inconnus, au son de la musique de Noël qui envahit la pièce et mon cœur.

J'ai besoin d'une petite pause avant de reprendre la mer. Surtout, nous ne savons pas où aller après ici. Encore moins à long terme. Nous hésitons à aller soit vers le sud, en Martinique, terre française où notre voilier français gardera mieux sa valeur, ou soit vers le nord, à Saint-Martin. Et si aucun acheteur ne s'y présente, nous pourrions continuer notre navigation vers la Floride. Mais où aller ? Nous essayons d'écouter notre intuition, trop silencieuse pour le moment.

C'est à ce moment que ma sœur décide de nous rendre une courte visite non planifiée avec ses deux filles. Elle ne sait même pas à quel point elle tombe au bon moment. Elle me fait si plaisir et elle remplit mon cœur de bonheur. Durant toutes ces années à voyager et à vivre ailleurs que dans mon chez moi natal, c'est bien la première fois que j'ai réellement un blues de chez nous, une envie profonde d'être « à la maison ». J'ai un ennui réel de ma famille, de ma culture, de ma maman.

Nous passons les cinq jours de sa visite à discuter jusqu'aux petites heures du matin, à rire, à jouer à la plage avec nos cinq enfants heureux. Ma sœur et ses filles se remplissent de vitamine soleil et nous nous emplissons de vitamine famille. Un bonheur pur et si bien synchronisé.

Le lendemain de leur départ, Martin et moi avons la ferme conviction que nous devons aller vers le nord. En passant par Saint-Barthélemy, nous rejoindrons Saint-Martin, là où le rêve de naviguer en famille a pris forme il y a une quinzaine d'années. C'est fou comme le temps nous permet de prendre une décision mieux éclairée.

Nous préparons Calbodine pour prendre la mer le lendemain.

13 décembre 2017 - Gustavia, Saint-Barthélemy

Douze heures de navigation plus tard pour 75 milles nautiques, nous ancrons dans la Baie de Gustavia, Saint-Barthélemy en dégustant un thon et deux barracudas pêchés pour le souper. Les émotions replacées et le cœur plus léger, nous décidons de rester ici pour Noël.

De toute façon, nous devons nous arrêter pendant quelques jours afin que le Père Noël puisse nous trouver. Cette île française est réputée pour le magasinage de marque, les résidences secondaires luxueuses, les yachts privés immenses et les gens riches et célèbres qui la visitent.

Nous partageons la baie avec des yachts privés valant des millions de dollars. Quelques-uns avec un hélicoptère sur le pont, d'autres avec un jet privé sur l'île. Nous sommes voisins du deuxième plus gros yacht privé au monde, surpassé d'un mètre par un bateau indien l'an passé seulement. Les problèmes du premier monde sont bien différents des problèmes du tiers monde que nous avons côtoyé il n'y a pas très longtemps. Nous espérons seulement que l'argent servant à acheter ces méga yachts ait été acquis honnêtement...

Sur terre, le style des hommes et des femmes offre un contraste flagrant avec notre dernière année en pays défavorisés. Les bijoux, les vêtements, les chaussures, le style et simplement leur démarche confiante et leur allure sexy me fait réaliser à quel point nous arrivons d'un tout autre environnement.

Je me surprends même à regarder nos vêtements en lambeaux. Heureusement, nous nous gavons de pain français, de fromages fins, de prosciutto, de croissants et de petits pains au chocolat accompagnés de capuccinos délicieux et de bon vin français.

Nous profitons des belles plages où les enfants découvrent le *topless*. Il fait toujours beau mais frais, nous nous ajustons à une température de 23 à 25°C. Nous réapprivoisons l'art de vivre en terre plus riche.

Jusqu'au jour où les enfants me disent continuellement que ça pique. Je leur dis de se gratter, voyons. Ils me répètent encore que ça pique. Sans trop y penser, je leur répète toujours de se gratter, franchement !

Puis un soir en se couchant, les deux garçons me disent presque en chœur : « Maman, mon anus pique la nuit ! ». Merde. Là, je comprends ! Moi qui les ai ignorés pendant plusieurs jours. Les pauvres ! Dès le lever du jour, nous courons à la pharmacie. Le traitement étant placé sur les tablettes juste à côté des populaires aspirines, je me console en me disant que nous ne sommes pas les seuls à connaître ces vers importuns. Quand même dégoûtés, nous nous en débarrassons rapidement.

Le passage de l'ouragan Irma a complètement ravagé l'île de Saint-Barthélemy en septembre dernier. Nous entendons partout des scies, des coups de marteau et des chantiers pour tout reconstruire rapidement. Le récit des habitants est émouvant. Leur travail tenace pour se relever est époustouflant. Leur bonté est inspirante. Leur contentement dépasse ma compréhension.

Le son des scies résonne aux oreilles de Martin comme de la musique enivrante. Il se retourne constamment pour voir d'où vient le bruit et finalement, il se trouve un emploi le surlendemain de notre arrivée. Il fait des meubles dans un atelier de menuiserie pour les prochaines semaines. Nous sommes heureux mais ça nous fait drôle d'avoir un papa absent toute la journée après tout ce temps intimement ensemble. Nous en profitons pour terminer nos livres d'école, aller à la bibliothèque et cuisiner quelques mets pour Noël.

Le temps des fêtes est pour nous, tout comme pour les habitants de l'île, une période des plus tranquilles, comme jamais expérimenté. Le tourisme n'est pas encore revenu après Irma. De notre côté, nous profitons les uns des autres pleinement et savourons chaque moment. Et nous apprécions pleinement nos jours de voile, sachant que ceux-ci sont maintenant comptés.

Nous aimons encore notre vie nomade. Nous ne voulons pas envenimer notre amour pour la navigation.

Nous devons réfléchir à notre suite, à une destination pour notre futur qui prenne en compte la suite de nos projets. Nous devons décider où aller.

« *En sachant que nous sommes près de la fin de ce rythme de vie vagabond, les couchers de soleil nous paraissent plus colorés et les levers de soleil encore plus précieux. Nous respirons à grands poumons l'air salé qui nous entoure constamment. Nous voulons plus que tout manger sainement, vivre pleinement, dans un corps sain.*

Nous voulons suivre nos passions et travailler là où l'on est bons et compétents, tout en s'amusant. Nous souhaitons que notre activité professionnelle soit une suite de nos talents. Nous aimons créer, bâtir, réfléchir, résoudre des problèmes, organiser chaque lieu, aider les gens à être bien dans leur espace de vie.

Nous sommes maintenant en relation avec nos valeurs, avec nos talents, avec nos intuitions. C'est le temps pour nous de pratiquer notre boulot passionnément. De contribuer à un monde meilleur à travers celui-ci.

Nous décidons de retourner vivre au Canada, dans notre pays. C'est un endroit si beau, si grand, si sécuritaire et où il sera facile pour nous de recommencer une vie de terriens. Un pays où la possibilité de faire ce que l'on veut existe. Où nos enfants ont la possibilité de devenir ce qu'ils veulent bien devenir.

Pour de multiples raisons, nous décidons de ne pas revenir au Québec mais plutôt d'essayer la

Gustavia, l'endroit où nous nous trouvons, fut notre pire ancrage jamais expérimenté, avec une houle de côté en continu parfois insupportable. Pressés de retrouver un peu de calme, nous changeons d'ancrage, trois semaines plus tard, pour se rapprocher de Saint-Martin. De toute façon, ce n'est pas ici, à Saint-Barthélemy que nous allions vendre Calbodine. Nous ancrons dans la Baie de Colombier pour la nuit. Le vent étant très fort, les vagues puissantes rentrent dans la baie et nous secouent violemment au bout de notre mouillage.

À la recherche d'une bouée pour s'accrocher, nous tournons autour de l'une d'elles, assaillis par de brusques coups de vent. Nous voyons un bateau de si près que nous avons peur de le fracasser. Nous reculons pour choisir une bouée un peu plus loin. Nous triplons les amarres pour la nuit.

Il y a des bourrasques de vent énormes toute la nuit, nous poussant de tous les côtés. Une amarre s'est rompue en pleine nuit et nous avons tourné au moins 10 fois autour de notre bouée.

Nous repartons dès le lendemain matin sans avoir vraiment pris le temps de vérifier la météo. Nous ne voulons absolument pas rester dans cette baie non protégée une nuit de plus. Nous en avons marre d'être secoués comme un bouchon. Nous rejoignons Marigot, Saint-Martin, 5 heures plus tard, dans ce qui fut notre navigation la plus rocambolesque.

Les méchantes grosses vagues venant sur l'arrière nous faisaient vivre un rodéo en mer. Une fois l'île contournée et le vent en pleine face, il nous a été bien difficile de se rendre au port. Les vagues nous ralentissaient énormément. En jetant l'ancre, finalement, nous avons tous les deux une drôle d'impression que ce pourrait être notre dernière île à visiter...

11 janvier 2018 — Marigot, Saint-Martin

Saint-Martin ne s'est pas encore relevé d'Irma. On croirait qu'une bombe a explosé et que tout le monde est parti. C'est tellement triste de voir tous ces bateaux coulés. Toutes ces maisons aux toiles bleues. Tous ces débris partout. Tous ces chiens errants.

Miraculeusement, la vie des gens locaux a repris autour de cette île telle une jungle qui envahit les vestiges d'une cité oubliée. Les gens m'impressionnent. C'est un dur prix à payer pour vivre au paradis. Leur courage m'éblouit. Leur récit me passionne. Je me promets que, par mes choix, je vais contribuer à un monde meilleur.

Seulement quelques jours après notre arrivée, un couple français s'intéresse particulièrement à Calbodine. Nous allons faire un petit tour de voile. Ils tombent en amour. Pas surprenant. Elle est si belle. Elle a un si beau passé.

Nous changeons d'ancrage pour mieux affronter les vents forts annoncés. Nous nous rendons à Simpsons Bay où nous recroisons les navigateurs que nous avons failli enfoncer à St-Barthélemy. Nous allons les voir pour nous excuser.

Ils vivent à bord de leur voilier, construit par eux-mêmes, depuis plus de deux décennies. Ils ont fait le tour du monde avec leur deux enfants et maintenant, le refont juste eux deux. Leur récit m'émerveille. Leur simplicité aussi. Ils sont si humbles. Les enfants les adorent. Moi aussi ! Ils deviennent rapidement mes héros navigateurs, ceux qui n'existent que dans les livres.

4 février 2018 — Saint Martin

Le jour de fête de Martin, nous signons un contrat de vente. La vie est bien faite ! Ce couple français est heureux de prendre soin de Calbodine. Nous sommes maintenant davantage prêts pour notre prochain chapitre. Le 14 février 2018, nous nous rendons à la marina Fort Saint-Louis pour livrer notre chère Calbodine.

On dit qu'il y a deux jours heureux dans la vie d'un marin. Celui où il achète son bateau et celui où il le vend. Je ne peux pas dire que je suis la plus heureuse aujourd'hui mais plutôt dans un mélange complexe d'émotions. J'ai quand même hâte de prendre des douches chaudes à profusion, sans arrêt ! Martin est heureux, soulagé de passer au chapitre suivant. Les enfants sont excités. Un peu tristes de quitter la mer mais heureux pour nos projets futurs. Je constate qu'ils ne comprennent pas tout le sens ni l'ampleur de ce changement, mais ils s'adaptent royalement vite et bien. Nous avons la tête haute, fiers de ce que nous venons d'accomplir, près de 4500 milles nautiques plus loin.

1 mars 2018 — Fort Lauderdale, Floride

Nous nous envolons vers la Floride. Tous nos biens, qui rentrent dans le coffre d'une seule Dodge Grand Caravan, s'en vont en paquebot jusqu'en Floride. De là, nous trouverons bien une voiture à acheter pour remonter jusqu'au Québec construire notre mini maison sur roues, entourés de notre famille, avant de se diriger une fois de plus vers une nouvelle aventure dans l'Ouest Canadien.

Il y a quinze ans exactement, nous étions ici même, tout jeunes et fringants. Un rêve est né. À un moment donné, il nous a envahis pour devenir complètement obsessionnel. Il nous a sauvés d'un étau. Ce rêve s'est transformé en aventure qui nous a tous changés profondément. Qui nous a permis de découvrir un monde parallèle, un monde paisible, sain et aventurier.

Calbodine nous a toujours ramenés à bon port. Elle m'a fait peur. Elle m'a rendue fière. Elle m'a fait sentir vulnérable et si minuscule. Elle m'a fait sentir grande, libre et si puissante. Elle nous a rapprochés de nos enfants de façon inexplicable. Elle a soudé notre couple si solidement que bien peu de tempêtes peuvent l'ébranler.

Elle nous a permis de vivre, de sentir, de voir, de connaître, d'apprendre, d'écouter à une lenteur inégalée, avec une patience d'or. Elle nous a permis d'expérimenter une richesse du monde où la beauté perdure dans son immensité, dans sa lenteur, dans ses différences.

Il ne faut jamais sous-estimer un rêve, car celui-ci peut nous changer à tout jamais.

*« Ce n'est pas un signe de bonne santé mentale que
d'être bien adapté à une société malade. »*

– Jiddu Krishnamurti

ÉPILOGUE

3 Mars 2018 - Fort Lauderdale, Florida

Deux jours depuis notre arrivé sur le continent américain. Tout va trop vite, l'auto me fait peur à 100 km/heure. Les panneaux me bombardent le cerveau de consommation inutile. Le bruit me fait mal aux oreilles. Il est trop intense, trop fort, trop envahissant. Il vient de partout. Il accable mon silence intérieur. Nous essayons encore de distinguer une drisse au vent, un chant d'oiseaux, une douce vague. J'ai mal à la tête à essayer de tout voir, de tout entendre, de tout assimiler. Cette sursimulation me trouble profondément.

Les enfants sont hystériques. Ils sont incapables de se calmer. Ils sont clairement trop stimulés, eux aussi. Nous sommes tous à vif, impatients, irritables, agressifs. Nous sommes étourdis, incapables de nous concentrer, incapables de trouver un endroit calme. Notre alimentation est perturbée. Nos systèmes digestifs complètement bloqués. Le contraste est trop vif.

Les enfants nous demandent où sont les autres enfants pour jouer. Les ruelles sont désertes, vides. Nous ne voyons que des gens qui courent pour se rendre à leur voiture, à leur prochaine destination, un appareil électronique à la main.

Nous entrons au Walmart pour acheter de la nourriture. Je me perds dans les rayons à perte de vue. Je prends 25 minutes pour chercher désespérément du miel. Puis je me rends au rayon du fromage qui est, à lui seul, plus grand que tout le marché typique du Honduras. Je suis assommée. Je suis perdue. Je n'ai plus de repères. Je ne sais plus qui je suis. Je me mets à pleurer, impuissante, bousculée, incapable d'arrêter ce monde où tout va si vite, où la consommation est le centre de notre existence...

21 septembre 2018 — Penticton, BC, Canada

Sept mois se sont écoulés depuis la vente de Calbodine. Nous vivons dans notre Airstream de 31 pieds, que nous avons rénovée à Québec avec amour et précision. Puis nous avons emménagé dans la vallée de l'Okanagan, en Colombie-Britannique. La poussière commence à tomber.

Nous venons de souper avec des amis. Les enfants sont couchés. Nous buvons un verre. Il est tard. Il fait noir. Nous écoutons de la bonne musique en discutant tranquillement. Puis une chanson hurle à tue tête : « What does my heart say? ». Je m'arrête, je me pose et je pleure doucement, enfin, librement.

Mon cœur se soulage.

Mais qu'est-ce que mon cœur veut vraiment ?

Depuis un mois, nous sommes partis de Québec, à la recherche d'une nouvelle routine, d'une nouvelle ville où s'établir, de notre nouvelle vie. À la recherche de notre bonheur.

N'est-ce pas un endroit merveilleux ici ? Un endroit prisé, choyé, la « Californie canadienne », comme on l'appelle. Mais pourquoi suis-je incapable de m'émerveiller autour de moi ? Je pleure, enfin, mes larmes coulent, doucement. Je prends un crayon et un bout de papier. J'écris, sans arrêt, férocement. En même temps que les mots déboulent, mon cœur se soulage, se libère, s'allège.

« Mais pourquoi suis-je incapable de m'émerveiller autour de moi ? Mais qu'est-ce que je recherche vraiment ? C'est bien ce qui me hante depuis que je suis arrivée ici. J'ai tout pour être heureuse, pourtant...

Je suis entourée de ma famille précieuse, j'ai des amis précieux, j'ai ma famille qui m'aime. Mon mari me soutient. Mes enfants sont heureux. Je suis entourée d'une belle nature, de montagnes, de deux grands lacs, pourtant...

Je suis dans un coin de paradis, un endroit populaire, un endroit touristique, chaud et bon à vivre. La routine est déjà installée, établie. Les enfants partent sautillant pour l'école, une école traditionnelle. Un autre type d'enseignement où enseignants et étudiants partagent leur journée à apprendre. J'ai maintenant du temps seule avec moi-même. Je peux me retrouver avec moi-même. Je peux courir. Je cours sur la plage à travers les montagnes, en pleine nature, pourtant...

Je devrais être heureuse. C'est ce que je voulais, non ? Je devrais être en extase, non ?

Et pourtant, qu'est-ce que mon cœur veut ?

Mais qu'est-ce que je fais ici ? Mes enfants sont heureux. Mon mari est heureux. Les gens qui m'entourent me disent à plusieurs que c'est la meilleure décision de leur vie d'avoir emménagé ici, dans cette ville. Et encore, je me demande vivement qu'est-ce que JE fous ici?

J'entends encore les vagues qui meurent doucement sur la coque. Je sens encore le vent chaud dans mes cheveux. Je vois encore le soleil brûlant descendre doucement à l'horizon. J'entends encore les oiseaux marins jouer dans les vagues. Je sens la mer, cette eau salée qui m'entoure et m'emplit.

Je suis bien, mon cœur est serein, mon corps est nu et chaud. Je vis encore cette liberté grandiose que seul un marin peut pleinement comprendre. Cette liberté qui m'envahissait, qui me permettait d'être grande, là où je suis.

Je ne peux pas me justifier. Je ne peux pas me conformer. Je ne peux pas m'arrêter. Je ne veux pas arrêter d'évoluer. J'ai peine à ralentir. J'ai peine à arrêter. J'ai peine à prendre une pause. J'ai peine à revenir. À revenir sur terre. Sur cette terre effarouchée, étourdissante, qui va trop vite. Sur cette terre que je ne connais plus. Qui me semble inconnue. Sur cette terre qui oublie de respirer. Où l'argent dicte trop souvent les gestes et les comportements de trop de gens. Où la compassion, le partage, l'honnêteté passent trop loin derrière. Où le stress envahit beaucoup trop de gens.

J'ai peur de revenir. J'ai peur de la routine. J'ai peur que cette routine me referme et que j'oublie ce que je suis devenue. Que j'oublie de m'ouvrir, que j'oublie ce que j'ai appris. J'ai peur de me retrouver dans un moule trop serré pour moi. Peur de manquer de spontanéité. Peur de ne plus être à la hauteur pour mes enfants.

J'ai peur de ne plus rencontrer ces gens magnifiques que la mer nous apportait telle une brise douce et réconfortante. Peur de manquer d'aventures. Peur de perdre cette flamme qui m'allume de l'intérieur. Peur de perdre cette intensité, cette volonté, cette étincelle. J'ai peur d'avoir froid et de ne plus être capable de me réchauffer. J'ai peur de manquer d'air. Je panique. J'ai le vertige.

Mais qu'est-ce que mon cœur veut ?

Ce bonheur... Il est si éphémère...

Je sais que je dois le cultiver, le façonner, l'entretenir. Je sais que je dois le (re)construire, le créer, le refaire. Je sais que je dois m'en occuper. Moi-même. Personne ne peut le faire pour moi. Mais je me sens si étrangère dans mon propre pays. Je me sens observatrice. Je me sens transformée et inapte à vivre sur terre. Inapte à opérer normalement dans la société. Dans une société qui semble étrangère à mes valeurs. Je sens que j'ai été témoin de notre planète grandiose. J'ai été témoin de la misère humaine. J'ai été témoin de la bonté spontanée. J'en ai aperçu quelques facettes sans tout pouvoir assimiler ni m'adapter.

Je sens que je ne suis pas tout à fait revenue. Je me demande si l'on revient réellement. Du moins, pas tels que nous sommes partis. Je n'ai pas encore tout absorbé, tout assimilé. Je me sens démunie. Incapable d'être sur terre à 100 %.

Mais qui suis-je maintenant ? Pourquoi suis-je ici ? Qu'est-ce que je veux ? Qu'est-ce que je vaux ? Qu'est-ce que je peux apporter à cette vie sur terre, ici ?

J'ai perdu tous mes repères. Je ne sais plus ce que je suis, ce que je veux, ce que je vaux. Je recommence, je me cherche, encore une fois. Mais cette fois-ci, c'est le chemin le plus difficile, le plus ardu, le plus pénible que j'aie eu à emprunter. C'est un chemin intérieur, profond et sinueux. C'est un chemin inattendu, solitaire et silencieux.

Je dois apprendre à vivre une nouvelle vie. Je dois me construire une nouvelle identité sur terre. Je dois dresser les épaules et continuer. Je dois avancer. Je dois trouver mes nouvelles joies, mes nouvelles passions et mes nouveaux projets. Je dois trouver ma voie, nouvelle et encore invisible à mes yeux. Je dois laisser mon cœur me guider, amor fati[18] *suivre mon instinct, mon destin, lui faire confiance et laisser-aller. »*

Je pose mon crayon. Je sèche mes larmes, vidée. Je vais me coucher, le cœur plus léger. Je dois apprendre à vivre une nouvelle vie, avec ce que je suis devenue. Je vais trouver cet équilibre tant recherché. J'ai la foi, je suis sur la bonne voie.

À suivre...

---

[18] Amor fati signifie « l'amour du destin » ou « l'amour de la destinée », ou plus communément le fait d'accepter son destin.

LEXIQUE

Terme	Définition
AIS/SIA	Le Système d'identification automatique (SIA) ou Automatic Identification System (AIS) en anglais est un système d'échanges automatisés de messages entre navires par radio VHF qui permet aux navires et aux systèmes de surveillance de trafic de connaître l'identité, le statut, la position et la route des navires se situant dans la zone de navigation.
Accastillage	Ensemble des accessoires qui servent au réglage du gréement et à la manœuvre des voiles.
Allure	Direction d'un voilier par rapport au vent.
Amarre	Tout cordage servant à attacher le bateau au quai, à un corps mort ou un coffre.
Amure	Désigne la position d'un bateau par rapport au vent, bâbord ou tribord.
Bâbord	Bâbord est le côté gauche d'un bateau lorsqu'on regarde vers l'avant.
Barre	Espar horizontal faisant partie du système de gouvernail servant à diriger le bateau.
Barres de flèches	Pièces horizontales perpendiculaires au mât destinées à écarter les haubans.

Barrer un voilier	Action de tenir la barre avec la main sans la serrer. Le but est d'anticiper les mouvements du bateau et de ressentir l'attitude du voilier et de ne jamais donner des grands coups.
Bimini	Le bimini est une structure métallique recouverte de toile qui protège du soleil.
Bois-fouillis	Le bois-fouillis est un petit bateau rudimentaire fait dans un tronc d'arbre de manguier, fabriqué à la main depuis des générations.
Bucket list	C'est une liste de choses à faire, lieux à voir, expériences à vivre que l'on veut faire dans sa vie avant la mort.
Cabestan (winch)	Treuil manœuvré à l'aide d'une manivelle et servant à tendre différents cordages.
Cale	Partie intérieure la plus basse d'un navire, située entre le plancher et les fonds.
Cape	Manœuvre de gros temps : mettre à la cape (barre sous le vent et foc à contre) pour réduire la vitesse et le mouvement du bateau.
Chicken harbor	Les navigateurs appellent Georgetown dans les Bahamas, le « chicken harbor » (le port des peureux). Plusieurs navigateurs ont la frousse et rebroussent chemin, ne dépassant jamais ce point culminant. Dépassé ce port, les conditions deviennent celles de la mer et le navigateur doit être prêt à tout.
Cockpit	Creux dans le pont d'un bateau d'où le barreur et les équipiers peuvent manœuvrer.
Coque	Corps du bateau.

Défenses (pare-battage)	Pare-chocs fabriqués de matériau mou, installés sur les côtés du voilier pour en protéger la coque.
Degré	1/360° d'un cercle ; 1 degré de latitude est équivalent à 60 miles marins.
Dinghy	Un dinghy est une petite embarcation qui est utilisée pour se déplacer entre la berge et l'embarcation principale.
Dodger	Un dodger est une structure en toile supportée par un cadre (généralement avec des fenêtres en vinyle clair) qui protège partiellement un homme de barre et les autres occupants d'un voilier contre les intempéries et la mer.
Empanner	Faire passer la bôme et la grand-voile d'une amure à l'autre en passant par le vent arrière.
Espar	Longue pièce de bois ou de métal sur un navire.
Filières	Câbles au-dessus du pont reliant le balcon avant au balcon arrière en passant par les chandeliers.
Génois	Grande voile d'avant dont la surface équivaut à plus de 100 % du triangle avant (mât, étai, pont).
Gîte	Inclinaison latérale du bateau.
Grab bag	Un *grab bag* est un sac au sec contenant un minimum d'articles pour la survie en mer advenant l'obligation de quitter son navire. Ce sac doit être prêt à lancer à la mer en quelques secondes. Essentiellement, une copie des passeports s'y trouve ainsi qu'une multitude de petits articles.
Gulf Stream	Le Gulf Stream est un courant du sud au nord avec une vitesse moyenne de 4,8

	nœuds. Par mauvais temps et vents contraires, les conditions météorologiques peuvent se détériorer rapidement et la navigation devenir difficile, voire dangereuse.
Haubans	Câbles servant de support latéral au mât.
Hisser	Monter une voile, un pavillon.
Houle	Mouvement d'ondulation qui agite la mer sans faire déferler les vagues.
Hublots	Ouvertures, fenêtres du bateau.
Larguer	Lâcher, détacher, laisser filer un cordage.
Ligne de vie	Une ligne de vie est un dispositif de sécurité permettant à son utilisateur de s'y attacher afin de se sécuriser contre les risques de chute à la mer.
Marée	Hausse et baisse périodiques du niveau de l'océan.
Mât	Espar vertical supportant les voiles.
Mille marin (nautical mile)	Le mille marin est l'unité de distance utilisé en navigation. 1 mille = 1 852 km, 6076 pieds ou 1° de latitude.
Moto-taxi	Mobylette avec une cabine arrière pour accueillir entre 2 à 4 passagers.
Mouillage	Le *mouillage* est un terme de marine qui désigne un abri sûr pour un navire. Une bouée ou un coffre relié au fond par un cordage ou une chaîne et maintenu.
Nœud	Le nœud est l'unité de mesure de vitesse utilisé. 1 nœud = 1 mille par heure ou environ 0,514 mètre par seconde.
Pas de l'hélice (effet du)	La tendance de l'arrière du voilier à se diriger vers bâbord ou tribord lorsqu'on navigue à moteur, surtout perceptible en marche arrière.

Pont	Structure horizontale formant le dessus de la coque.
Quart	En traversée, de jour comme de nuit, nous partageons la navigation en 3 heures chacun. L'un est responsable du navire, l'autre se repose, fait les repas ou s'occupe un peu des enfants. Le meilleur pour nous est un quart de 3 heures.
Quille	Extension lestée des œuvres vives du bateau servant à contrebalancer la gîte et à réduire la dérive.
Raban	Cordage de faible longueur servant à amarrer ou à saisir divers objects.
Tangon	Espar fixé au mât en une de ses extrémités et utilisé pour déborder les voiles d'avant.
Taquet	Pièce d'accastillage servant à retenir un cordage en le tournant dessus.
Tribord	Côté droit du bateau lorsqu'on regarde vers l'avant.

ANNEXE A | TABLEAU ÉCHELLE DE BEAUFORT

FORCE	TERMES	VITESSE EN NŒUDS	VITESSE EN KM/HR	ÉTAT DE LA MER	EFFETS SUR TERRE
0	Calme	< 1	< 1	La mer est comme un miroir.	La fumée monte verticalement.
1	Très légère brise	1 à 3	1 à 5	Quelques rides ressemblant à des écailles de poissons, mais sans aucune écume.	La fumée indique la direction du vent. Les girouettes ne s'orientent pas.
2	Légère brise	4 à 6	6 à 11	Vaguelettes ne déferlant pas.	On sent le vent sur la figure, les feuilles bougent.
3	Petite brise	7 à 10	12 à 19	Très petites vagues. Les crêtes commencent à déferler. Écume d'aspect vitreux. Parfois quelques moutons épars.	Les drapeaux flottent bien. Les feuilles sont sans cesse en mouvement.

4	Jolie brise	11 à 15	20 à 28	Petites vagues, de nombreux moutons.	Les poussières s'envolent, les petites branches plient.
5	Bonne brise	16 à 20	29 à 38	Vagues modérées, moutons, éventuellement embruns.	Les petits arbres balancent. Les sommets de tous les arbres sont agités.
6	Vent frais	21 à 26	39 à 49	Crêtes d'écumes blanches, lames, embruns.	On entend siffler le vent.
7	Grand frais	27 à 33	50 à 61	Traînées d'écumes, lames déferlantes.	Tous les arbres s'agitent.
8	Coup de vent	34 à 40	62 à 74	Tourbillons d'écumes à la crête des lames, traînées d'écumes.	Quelques branches cassent.
9	Fort coup de vent	41 à 47	75 à 88	Lames déferlantes grosses à énormes, visibilité réduite par les embruns.	Le vent peut endommager les bâtiments.
10	Tempête	48 à 55	89 à 102	Conditions exceptionnelles. Très grosses lames à longues crête en panache. L'écume produite s'agglomère en large bancs et est soufflée dans le lit du vent en épaisses traînées blanche. Dans son ensemble, la surface des eaux semble blanche. Le déferlement en rouleaux devient intense et brutal. Visibilité réduite.	Gros dégâts.

				Conditions	
11	Violente tempête	56 à 63	103 à 117	Conditions exceptionnelles. Lames exceptionnellement hautes (les navires de petit et moyen tonnage peuvent, par instant, être perdus de vue). La mer est complètement recouverte de bancs d'écume blanche élongé dans la direction du vent. Partout, le bord de la crête des lames est soufflé et donne de la mousse. Visibilité réduite.	Gros dégâts.
12	Ouragan	>64	>118	Conditions exceptionnelles. L'air est plein d'écume et d'embruns. La mer est entièrement blanche du fait des bancs d'écume dérivant. Visibilité fortement réduite.	Très gros dégâts.

ANNEXE B | CONTENU D'UN *GRAB BAG*

	À TOUJOURS laisser dans son sac de survie *Grab bag*
	VHF portable avec piles neuves & piles additionnelles
	GPS portable avec piles additionnelles
	Document du bateau (photocopies des originaux)
	Document personnel (photocopies du passeport de chaque membre de l'équipage)
	Lampe de poche
	Couteau
	Miroir
	Fusées
	Trousse de secours
	Fil et hameçons pour la pêche
	Brosse à dent & pâte à dent
	Crème solaire
	Jeu de carte
	Papier & crayons
	Boîte de conserve — Nourriture séchée & compacte
	Eau en sachet

	Si le temps le permet – Si l'espace le permet
	Livre de bord
	Linge plus chaud pour chaque membre de l'équipage
	Récupérer des gallons d'eau potable avec un peu d'air à l'intérieur
	Récupérer équipement de plongée, masques, palmes, tubas
	Récupérer de la nourriture supplémentaire
	Porter les vestes de sauvetage
	Lancer les défenses du bateau et les coussins à l'eau